"十二五"国家重点图

数学文化小丛书

李大潜　主编

冲破世俗与
偏见的樊篱

Chongpo Shisu yu Pianjian de Fanli

——记三位杰出的女数学家

周明儒

中国教育出版传媒集团

高等教育出版社·北京

内容简介

　　本书简要介绍了三位杰出的女数学家：热尔曼、柯瓦列夫斯卡娅和诺特。她们与世俗和偏见顽强抗争，战胜了常人难以承受的艰难困苦，取得了永载史册的成就。读者特别是年轻的女学生们，可以从她们的成才经历、创新精神、非凡业绩和优秀品质中得到教益、启迪和激励。

图书在版编目（CIP）数据

冲破世俗与偏见的樊篱：记三位杰出的女数学家 / 周明儒编 . -- 北京：高等教育出版社，2018. 3（2024.5重印）（数学文化小丛书 / 李大潜主编 . 第四辑）
ISBN 978-7-04-049456-3

　　Ⅰ . ①冲… Ⅱ . ①周… Ⅲ . ①女性 – 数学家 – 生平事迹 – 世界 – 通俗读物 Ⅳ . ① K816.11-49

中国版本图书馆 CIP 数据核字（2018）第 025617 号

项目策划　李艳馥　李　蕊

策划编辑	李　蕊	责任编辑	李　茜	封面设计	张　楠
版式设计	马　云	插图绘制	黄云燕	责任校对	王　雨
责任印制	存　怡				

出版发行	高等教育出版社	网　址	http://www.hep.edu.cn	
社　址	北京市西城区德外大街 4 号		http://www.hep.com.cn	
邮政编码	100120	网上订购	http://www.hepmall.com.cn	
印　刷	中煤（北京）印务有限公司		http://www.hepmall.com	
开　本	787mm×960mm　1/32		http://www.hepmall.cn	
印　张	3.25			
字　数	58 千字	版　次	2018 年 3 月第 1 版	
购书热线	010-58581118	印　次	2024 年 5 月第 2 次印刷	
咨询电话	400-810-0598	定　价	11.00 元	

本书如有缺页、倒页、脱页等质量问题，请到所购图书销售部门联系调换
版权所有　侵权必究
物 料 号　49456-00

数学文化小丛书编委会

数学文化小丛书总序

整个数学的发展史是和人类物质文明和精神文明的发展史交融在一起的。数学不仅是一种精确的语言和工具、一门博大精深并应用广泛的科学，而且更是一种先进的文化。它在人类文明的进程中一直起着积极的推动作用，是人类文明的一个重要支柱。

要学好数学，不等于拼命做习题、背公式，而是要着重领会数学的思想方法和精神实质，了解数学在人类文明发展中所起的关键作用，自觉地接受数学文化的熏陶。只有这样，才能从根本上体现素质教育的要求，并为全民族思想文化素质的提高夯实基础。

鉴于目前充分认识到这一点的人还不多，更远未引起各方面足够的重视，很有必要在较大的范围内大力进行宣传、引导工作。本丛书正是在这样的背景下，本着弘扬和普及数学文化的宗旨而编辑出版的。

为了使包括中学生在内的广大读者都能有所收益，本丛书将着力精选那些对人类文明的发展起过重要作用、在深化人类对世界的认识或推动人类对世界的改造方面有某种里程碑意义的主题，由学有专长的学者执笔，抓住主要的线索和本质的内容，由浅入深并简明生动地向读者介绍数学文化的丰富内涵、数学文化史诗中一些重要的篇章以及古今中外一些著名数学家的优秀品质及历史功绩等内容。每个专题篇幅不长，并相对独立，以易于阅读、便于携带且尽可能降低书价为原则，有的专题单独成册，有些专题则联合成册。

希望广大读者能通过阅读这套丛书，走近数学、品味数学和理解数学，充分感受数学文化的魅力和作用，进一步打开视野、启迪心智，在今后的学习与工作中取得更出色的成绩。

李大潜

2005 年 12 月

目　　录

引　言

　　在数学发展史上，取得卓越成就的数学家不胜枚举，而卓越的女数学家却屈指可数，这是历史上妇女社会地位长期普遍低下造成的恶果. 直到 18、19 世纪，欧洲妇女仍然没有接受高等教育的权利，但有三位出生在不同国度的杰出女性，顽强地与世俗和偏见抗争，战胜了常人难以承受的艰难困苦，在被视为男性专利的数学王国里取得了卓越的成就，成为万绿丛中的耀眼之红. 她们分别来自法国、俄国和德国，在当时一些最杰出的数学家的鼓励、帮助、引导下，相继闪耀在纯粹数学蓬勃发展的 19 世纪到 20 世纪初期. 她们不仅在数学领域取得了不让须眉的杰出成就，而且还在物理领域作出了永载史册的卓越贡献. 这三位令世人肃然起敬的杰出女数学家是：

　　自学成才、第一位获得法国科学院大奖的女科学家，被高斯赞誉为"给出了一个使人难以相信的光辉榜样"的法国女数学家玛丽 - 索菲·热尔曼 (Marie-Sophie Germain, 1776—1831)；

世界近代史上第一位数学女博士，第一位数学教授，第一位科学院女院士，被魏尔斯特拉斯认为是他"最有才华和最喜爱的学生"，被克罗内克称赞为"罕见的探索者"的俄国女数学家索菲娅·瓦西列夫娜·柯瓦列夫斯卡娅 (Софья Васильевна Ковалевская, 1850—1891);

被爱因斯坦称赞为"自妇女开始受到高等教育以来有过的最杰出的、富有创造性的天才"，被亚历山大洛夫誉为"有史以来最伟大的女数学家"的德国女数学家阿玛莉·艾米·诺特 (Amalie Emmy Noether, 1882—1935).

在这本小册子里，我们将简要地介绍这三位杰出女性非同寻常的成才经历、创新精神、非凡业绩和优秀品质，希望我们大家，特别是年轻的女学生们，可以从中得到教益、启迪和激励.

一、使人难以相信的光辉榜样

索菲·热尔曼

索菲·热尔曼

阿基米德的榜样力量

1776 年 4 月 1 日，索菲·热尔曼出生在法国一个殷实商人的家庭，她的父亲是个银行商，当过议员。当时法国正处于资产阶级革命的前夜，社会秩序渐趋混乱，为了安全，青少年时代的热尔曼整天被父母留在家里学习，因此也养成了良好的生活习惯和自学能力．儿时的她，常常在父亲的藏书室里流连忘返．

热尔曼 13 岁时，从数学史书上看到阿基米德在罗马士兵攻破城池并将他刺死之前还在研究几何学而深受感动，立志把自己的一生献给"这门能使人达到如此崇高的英雄主义境界的科学"．当她的父母看到女儿竟夜以继日地埋头学习一本《数学大全》时非常吃惊和担心，便没收了她的蜡烛和任何可以取暖的东西来阻止她继续学习．但她仍然半夜三更起来，裹着被单在滴水成冰的房间里偷偷读书．深受感动的父亲终于不仅同意她继续学习，而且为她买回来刚出版的《微分学与积分学教程》．热尔曼在自学了拉丁文和希腊文后，又开始攻读牛顿 (I. Newton, 1643—1727) 和欧拉 (L. Euler, 1707—1783) 的著作．

冒名顶替的无奈之举

1794 年，巴黎综合理工大学 (École Polytechnique) 成立，这里云集了众多数学大师，如拉格朗日 (J. L. Lagrange, 1736—1813)、拉普拉斯 (P. S. Laplace, 1749—1827)、蒙日 (G. Monge, 1746—1818) 等，刚满 18 岁的热尔曼是多么盼望能进入这所学府聆听全法国一流数学教授的讲课啊．虽然她的父母很支持她的想法，而且法国大革命已经爆发 5 年了，但法国社会对妇女的歧视仍然没有改变，这所学校 (直到她逝世多年之后也) 不收女生．

巴黎综合理工大学原大门

　　世俗与偏见没有让这个坚强的女孩退却, 反而更加坚定了她自学的决心. 她选择了比较通俗易懂的拉格朗日的著作, 并及时写下自己的心得体会.

拉格朗日

非常凑巧的是, 当时有一位已在巴黎综合理工大学注册的学生勒布朗因故离开了巴黎, 热尔曼便以勒布朗之名领取了学校给他印发的讲课材料和习题, 并以此化名上交习题解答和自己写的读书心得. 两个月后, "勒布朗" 这位原本以糟透了的数学能力而出名的学生, 如今却在作业中显示出才华, 引起了拉格朗日的注意和兴趣. 他要这位学生来见他, 当拉格朗日见到热尔曼后, 十分震惊和高兴, 主动提出要做热尔曼的导师, 在拉格朗日的指导下, 热尔曼进步更快了.

推动费马大定理的证明

1637 年左右, 法国学者费马 (Pierre de Fermat, 1601—1665) 在研究丢番图《算术》一书时指出, 一般地, 不定方程

$$x^n + y^n = z^n \qquad (1)$$

当 $n > 2$ 时没有正整数解. 这一命题史称费马大定理, 于 1670 年公之于世. 此后, 一代代数学家以各种不同的方法尝试证明, 但都没有成功, 直到 1994 年才被英国青年数学家安德鲁 · 怀尔斯 (A. Wiles, 1953—) 彻底解决. 在这长达 358 年的探索过程中, 热尔曼也作出了贡献. 在当时, 只有费马本人和欧拉用不同的方法分别证明了当 $n = 4$ 和 $n = 3$ 时命题成立. 热尔曼对费马命题作了研究, 先后得到过一些结果, 其中最重要的是证明了**索菲 · 热尔曼定理**, 由这个定理可知:

当 n 是素数, 且 $2n+1$ 也是素数时, 如果方程 (1) 有正整数解 x, y, z, 则 n 必定能整除其中的某一个.

在热尔曼工作的基础上, 1825 年, 德国数学家狄利克雷 (P. G. L. Dirichlet, 1805—1859) 和法国数学家勒让德 (A. M. Legendre, 1752—1833) 分别独立地证明了 $n = 5$ 时命题成立. 如今, 人们把 p 和 $2p+1$ 均为素数的数 p 称为索菲·热尔曼素数, 例如 $2, 3, 5, \cdots$. 小于 10000 的索菲·热尔曼素数有 190 个, 是否存在无限多个索菲·热尔曼素数? 这一问题迄今仍未解决.

"数学王子" 的由衷赞誉

1801 年, 高斯 (C. F. Gauss, 1777—1855) 出版了关于数论的传世名著《算术研究》. 1804 年热尔曼将自己学习后写的论文, 以及她关于费马大定理研究的成果, 以 "勒布朗" 的假名寄给高斯. 高斯看过后认为此人绝非一名普通的业余数学爱好者. 1806 年拿破仑入侵普鲁士, 热尔曼担心阿基米德的惨剧在高斯身上重演, 便写信给她家的朋友、法军指挥官帕尼提将军, 请求他保证高斯的安全. 将军对高斯给予了特别的照顾, 并向他解释是热尔曼小姐挽救了他的生命. 高斯非常感激, 也很惊讶, 因为他从未听说过索菲·热尔曼. 热尔曼只好给高斯写信, 勉强地透露了自己的真实身份, 她深感担忧地写道: "我以前曾用勒布朗的名字与您通信, 这些信件无疑不值得您答复······我希望今天向您吐露的真情不会剥夺您给予我的荣幸，并恳请您抽出几分钟时间向我介绍一些您自己的情况"．"数学王子"高斯在其一生中大多和天文学家及物理学家通信、研讨，与数学家很少通信，也少有赞誉，但对这位无名女数学爱好者却充满慈爱和鼓励地回了信，并且由衷地赞誉说："我如何向您描述当我看到我的尊敬的信友勒布朗先生变为一个极为杰出的女士时是多么钦佩和吃惊呢？她给出了一个使人难以相信的光辉榜样．一般说来，对抽象科学，特别是对数的奥秘，很少人感兴趣．这门卓越的科学只向那些有勇气深入探索的人展现她迷人的魅力．由于我们的习惯和偏见，女性要熟悉这些棘手的研究必然遇到比男性多得多的困难．但是当一个女性成功地超越了这些障碍，深入到其中最难解的部分，那就毫无疑问，她必定具有最崇高的勇气、非凡的才能和超人一等的天才．"

高斯

开创弹性板振动理论的研究

弹性薄板振动问题归结为在一定的边界条件下求解一个四阶偏微分方程, 最先开始相关理论研究的是索菲·热尔曼.

1802 年, 德国业余物理学家和音乐爱好者克拉尼 (E. Chladni, 1756—1827) 将他有关声学的研究成果汇编成《声学》一书出版. 1808 年到 1810 年间克拉尼访问巴黎, 他的关于板的振动的讲演, 以及用小提琴的弓拉铺了一层细沙粒的玻璃板的边缘后形成各种 "克拉尼花纹" (参看文献 [3], pp.19~21) 的演示, 引起了巴黎科学界的注意. 他的《声学》也在 1809 年被译成法文出版. 拉普拉斯等观看了他的演示, 一时谁也不能做出比较合理的解释. 拿破仑也观看了他的演示, 并且说: "克拉尼使声音变得可以看得见了."

为了解开克拉尼花纹的秘密, 1809 年巴黎科学院根据拿破仑的建议设立了一项奖金, 悬赏能够在数学上解释弹性板的克拉尼实验结果的研究者, 奖金为 3000 法郎, 约合当时 1 kg 黄金的价值. 热尔曼是唯一一位勇敢地迎接这一难题的挑战并坚持到底的学者.

她遇到的困难, 不仅是不熟悉由欧拉和拉格朗日创立不久的变分法, 而且是当时还没有建立弹性力学的一般理论, 唯一可以参考的是牛顿经典力学和欧拉关于弹性梁的研究成果. 她天才地引进了板的弯曲的平均曲率的概念, 并认为板的变形能密度

圆板的克拉尼花纹

是平均曲率的函数, 但是由于她对变分法运用得不正确, 起先得到的方程是

$$\frac{\partial^2 z}{\partial t^2} + gEbc \left(\frac{\partial^6 z}{\partial x^4 \partial y^2} + \frac{\partial^6 z}{\partial x^2 \partial y^4} \right) = 0,$$

后经拉格朗日指正, 才得到了正确的弹性薄板振动方程:

$$\frac{\partial^2 z}{\partial t^2} = k^2 \left(\frac{\partial^4 z}{\partial x^4} + 2 \frac{\partial^4 z}{\partial x^2 \partial y^2} + \frac{\partial^4 z}{\partial y^4} \right).$$

热尔曼先后在 1811、1813 和 1815 年分别提交了关于弹性板振动问题的三篇论文, 由于她的出色工作, 法国科学院于 1816 年 1 月 8 日授予她这项特别奖.

此后, 热尔曼进一步对板的振动问题进行研究, 发表了一些论文, 特别是 1821 年和 1828 年的论文, 但仍有不足. 直到 1850 年, 德国著名物理学家基尔霍夫 (G. R. Kirchhoff, 1824—1887) 发表关于板的重要论文《弹性圆板的平衡与运动》后, 弹性薄板的理论问题才算告一段落.

英名镌刻在世人心里

1829 年热尔曼得知她得了乳腺癌, 但她强忍病痛继续工作, 仍发表了关于弹性体研究的论文. 在被病痛折磨两年后, 热尔曼于 1831 年 6 月 27 日去世, 终年 55 岁.

鉴于热尔曼的杰出成就, 高斯在她生前就建议哥廷根大学授予她名誉博士学位, 但当哥廷根大学于 1837 年授予她这个荣誉时, 热尔曼已经去世六年①. 高斯说: "她 (热尔曼) 向世界证明了, 实际上一位女性也可以在最严格和最抽象的科学中完成一些重要的工作, 并理应得到一个荣誉学位."

终生未婚的热尔曼生活在一个妇女没有平等地位的年代, 但她敢于同命运抗争并取得了卓越成就,

---

① 关于热尔曼获荣誉博士学位的时间, 有的说是 1830 年; 有的说是 1830 年哥廷根大学同意授予, 但还未正式颁发她就去世了; 有的说她在去世之前收到证书, 且见到了高斯. 这里所写源自维基百科 (2016.4.10.).

拉雪兹神父公墓内的
索菲•热尔曼墓

这既令人肃然起敬, 也让人无限感慨. 1913 年, 莫赞斯 (H. J. Mozans) 曾义正词严地指出: "考虑到所有这一切, 她或许是法国迄今出现过的造诣最深的潜心于学术研究的女性. 但令人感到奇怪的是, 当国家官员为这位法国科学院一些最杰出的成员的卓越的同行和合作者出具死亡证明书时, 竟将她的身份记为 rentière–annuitant (无职业未婚妇女) —— 而不是 mathématicienne (女数学家). 事情还不止于此. 在建造埃菲尔铁塔的过程中工程师们必须特别注意所用材料的弹性. 当埃菲尔铁塔落成之时, 在这座高耸的建筑物上镌刻着 72 位专家的名字. 但是人们在这个名单中却找不到这位以其研究工作为金属弹性理论的建立作出过巨大贡献的天才女性的名字 —— 索菲·热尔曼. 难道她被排除在这个名单之外也是出于和阿涅西不能入选法国科学院院士同样的理由 —— 因为她是一个女人吗? 事情似乎就是如此. 如果真的是这样, 那么, 对一位如此有功于科学, 并且由于她的成就已经在名誉的殿堂中获得值得羡慕的地位的人, 做出这种忘恩负义的事来, 那些对此负有责任的人该是多么的羞耻."

然而, 这位被当时社会忽视的女性, 在其去世多年后终于赢得了自己应有的荣誉.

后人在她去世的建筑里立了一块纪念她的铭牌, 如今巴黎市有一条街道被命名为索菲·热尔曼街, 有一所高中被命名为索菲·热尔曼学校.

为了鼓励和表彰法国数学家对基础数学的研究, 在法国研究所的支持下, 于 2003 年设立了索菲·热尔曼奖, 每年由法国科学院授予一名获奖者, 奖金 8000 欧元上下, 由索菲·热尔曼基金提供.

在索菲·热尔曼诞辰 240 周年之际, 法国亨利·庞加莱研究所于 2016 年 3 月 18 日举行了纪念索菲·热尔曼的活动. 同年, 法国还发行了一张纪念邮票, 上面印有索菲·热尔曼头像和方板的克拉尼花纹.

法国人以这些方式表达了对这位杰出女性的敬意和怀念.

法国纪念邮票(2016)

二、罕见的探索者
索菲娅·柯瓦列夫斯卡娅

索菲娅·柯瓦列夫斯卡娅

　　41 岁就英年早逝, 具有终身不渝的坚韧和坚定性格的索菲娅·瓦西列夫娜·柯瓦列夫斯卡娅[①], 24岁证明了一类偏微分方程初值问题解的存在唯一性定理, 即著名的柯西－柯瓦列夫斯卡娅定理, 在德国

　　[①] 俄文名为 Софья Васильевна Ковалевская, 英文译名有 Sofia Vasilyevna Kovalevskaya 及 Sonia Kovalevsky. 到瑞典后她称自己为 Sonya.

哥廷根大学获得博士学位; 38 岁因给出了刚体绕定点转动问题的一种新的可解情形而荣获法国科学院博尔丹奖 (Prix Bordin)①, 成为继索菲·热尔曼之后第二个获得法国科学院大奖的女科学家; 39 岁成为瑞典斯德哥尔摩大学终身教授, 当选为俄国皇家科学院通讯院士. 她不仅是一位杰出的数学家, 世界上第一位女数学博士、女教授、女院士, 还是一位作家, 一位热心妇女解放运动、为妇女的权利和幸福而奋斗, 同情巴黎公社的学者, 在她身上体现了数学与人文、科学家与社会活动家的统一.

社会变革前夜的童年生活

19 世纪中期, 沙皇俄国处于由农奴制向资本主义过渡的时期, 大变革前夜, 社会发生着动荡的变化. 正是在这样的历史背景下, 1850 年 1 月 15 日, 索菲娅·瓦西列夫娜·科尔温－克鲁科夫斯卡娅② 出生在莫斯科的一个贵族家庭. 她的祖父是一名移居俄国的波兰地主, 祖母是俄国人. 她的父亲瓦西里·瓦西列维奇 (1801—1875) 于 1819 年进入彼得堡炮兵学院学习, 后在军队中服役到 1858 年, 官至俄国陆军中将. 他能流利地讲英语、法语, 对数学和自然科学有相当广泛的了解, 但对政治不感兴趣. 她的母亲

---

① 又译为鲍廷奖. 该奖不是每年都颁发, 在法国科学院的许多奖励中, 其声望名列第二.

② 俄罗斯人姓名通常由本人名加父名再加姓组成, 女性婚后改随夫姓, 索菲娅婚后全名为索菲娅·瓦西列夫娜·柯瓦列夫斯卡娅.

伊丽莎白·费多罗夫娜 (1820—1879) 出生在一个军事地形测量家、步兵将军的家庭，是一位活泼美丽、有才华的音乐家。她 23 岁出嫁，年长 19 岁的丈夫既独断又固执，自己挥霍无度，靠纸牌、赌博等消磨时光，却不允许妻子参加各类社交活动，使她几乎与世隔绝，因此常常感到十分压抑，这个家庭也从一开始就被不愉快的氛围笼罩着。

索菲娅是家里的第二个女儿，姐姐安娜·瓦西列夫娜 (1843—1887) 比她大 7 岁，弟弟费奥多尔 (爱称费迪亚) 比她小 5 岁。1852 年索菲娅两岁时，父亲晋升将军，1855 年全家搬到父亲的新驻地卡卢加。

据索菲娅后来的回忆，她的童年并不幸福。因为她既非长女又非男孩，自感得到的爱不多，和大人在一起时显得羞怯而孤僻，总是拘谨地依偎在保姆身边，平时也不大敢和其他孩子一起玩，五岁时就有各种各样的害怕与恐惧。

1853 年 7 月，爆发了以俄国为一方，土耳其 (奥斯曼帝国)、英国和法国等为另一方的克里米亚战争。1856 年 3 月《巴黎和约》签订，宣告了俄国的彻底失败，也加深了国内政治经济危机。面对日益严重的经济赤字和连续不断的农民起义，沙皇亚历山大二世不得不在 1861 年正式颁诏进行农奴制改革。而在这之前，变革即将来临的传闻使得以靠农奴劳动为生的地主们忧心忡忡，一些比较精明的地主辞去公职去照管自己的土地，索菲娅的父亲也是其中之一。

1858 年冬，他们一家搬到维特伯斯克省帕里比诺庄园。这个开阔的庄园，树木葱茏，景色优美，牛羊成群，有一个奶牛场，一家伏特加酒厂，还有各种果园和花园. 索菲娅来到这里后，对一切都充满了新奇. 她和姐姐一道在庄园里随处乱跑，有时和小伙伴们一起出去野游，有时到庄园边界的一片广袤的森林里去寻找浆果、蘑菇、果仁，听守林的一位白俄罗斯老农讲有趣的故事和神话. 索菲娅变得既活跃又欢乐.

随着时光的推移，索菲娅渐渐成为一个大孩子. 据她的回忆，早年对她影响最大的人是姐姐安娜. 青年时代索菲娅非常崇拜她，认为世界上没有人比她更聪明、更漂亮了. 当时，俄国一些进步的思想家、社会活动家和科学家组成了一个知识分子群体，以屠格涅夫小说《父与子》中的主人公巴扎罗夫为楷模，自称为 "民粹主义者"①. 他们反对偶像崇拜，对沙皇俄国的一切传统表示怀疑，要求社会公正，相信自然科学和教育能够战胜迷信和落后，相信妇女的潜质与男子相等，要求政府对教育体制放宽限制. 两位常来庄园访问的年轻人给安娜带来了新思潮，她阅读有关书刊，对社会上发生的事情非常关注，有时安娜也与索菲娅谈心，把自己正在考虑或关注的事情告诉她. 在这期间，安娜和索菲娅是最好的伙伴.

---

① nihilism (俄文 нигилизм) 的含义是认为一切都没有价值，尤其是宗教和道德规范没有价值. 中文通常译为 "虚无主义"，参考文献 [4] 译为 "民粹主义". populism (平民政治，民粹主义) 是宣称代表平民观点与愿望的一种政治观点.

惊人的求知欲与数学天赋

索菲娅虽然幼年的处境不尽如人意，家庭教师和保姆对她的学习也多有约束，但她从小就对知识有一种强烈的渴望. 在她还不识字的时候，就能一连几小时翻看报纸，好像一定要把那些符号装进脑里似的. 她还会缠住大人和保姆，要求告诉她某个字如何读，是什么意思，如果不说，就会围着大人跺脚，直到大人把那个字教给她. 不知不觉地，索菲娅6岁时就能自己阅读文章了，这使她父亲大为惊讶和满意.

索菲娅的伯父彼得是一位性情温和、有着孩子般天真情趣的人. 在他妻子去世后，唯一的乐趣就是读书，并且愿意把所学知识传授给别人，而索菲娅正好是他最理想的听众. 彼得伯伯非常喜欢索菲娅，她也很愿意亲近他. 有时，索菲娅依偎在伯伯身边，坐在火炉旁，睁大眼睛听他讲述一个个生动有趣的故事. 有时伯伯也给她讲一些社会和政治问题，虽然她听不懂，但也觉得很有意思. 彼得伯伯不是数学家，但他对数学很感兴趣，通过看书积累了不少数学知识. 索菲娅正是从彼得伯伯那里，首次接触到了许多数学问题，她第一次听到了化圆为方的问题（作一个正方形，使其与给定的圆有相同的面积），第一次听到可以不断趋近、但又永远不能达到的渐近线，等等，这使她对数学产生了浓厚的兴趣.

童年的索菲娅就表现出惊人的数学天赋. 庄园保育室的糊墙纸中有一些是她父亲在学生时用过的

奥斯特洛格拉德斯基教授的微积分讲义, 索菲娅说: "我记得我小时候曾一连几小时站在这面神秘的墙前, 试图读懂哪怕一句, 并且想要理出各页纸之间应有的顺序. 尽管当时我根本不能弄懂这些内容, 很长时间的注视, 使得许多公式的形状在我的记忆中留下了不可磨灭的印象, 其内容也深深地刻在我的脑海中." 在家庭教师的帮助下, 索菲娅 14 岁时就学完了高中数学课程. 有一次她家邻近庄园的彼得堡海军学院物理教授尼古拉·图尔托夫来访, 带来一本他编写的物理学入门教材, 索菲娅立即自学起来. 其中碰到了从未学过的三角函数, 她巧妙地用一条弦来代替正弦①, 从而豁然开朗, 顺利地读完了全书. 图尔托夫教授原来以为索菲娅是不可能理解这本教材的, 但当他听了她的解释后很激动, 说这正是三角学发展史上用过的办法, 这个小姑娘就是一个新的 "帕斯卡"②, 建议并说服了索菲娅的父亲同意让她学习三角学和微积分.

为了求学而假结婚

　　由于姐姐安娜、彼得伯伯和家庭教师等人的影

---

　　① 单位圆内很小的圆心角 α 所对的弦长与 $\sin\alpha$ 近似相等.

　　② 帕斯卡 (B. Pascal, 1623—1662), 法国数学家、物理学家. 他提出了一个关于液体压力的定律, 史称帕斯卡定律. 帕斯卡从小智力超群, 受其数学家父亲的影响和教育, 12 岁爱上数学时, 就发现了三角形的内角和等于 180 度, 并且独立地发现了欧几里得几何的前 32 条定理, 而且顺序也完全相同.

响，索菲娅对于政治的兴趣和对于科学的兴趣是同时发展起来的. 从 14 岁起到逝世，她的政治观点始终有某种空想的成分，她接受了空想社会主义、平等主义和早期民粹主义的信念，憎恨暴政和民族压迫.

索菲娅想上大学，但当时俄国仍普遍存在歧视妇女的现象，妇女被拒之于大学门外. 一些有识之士呼吁开设女子大学，著名的化学家门捷列夫等也出来声援，但因沙皇政府的顽固不化而无济于事.

1867 年深秋，索菲娅全家来圣彼得堡过冬，她跟从由图尔托夫教授介绍的一位家庭教师 —— 因提倡妇女教育和工人教育而著名的教育家、海军学院数学教师斯特兰诺柳布斯基学习微积分. 三个月里，他不仅教索菲娅数学，还用远大的理想激励她. 由于他的影响和鼓励，索菲娅后来一直为妇女的权利和幸福而奋斗，自己也开始积极寻求接受正规高等教育的机会.

当时的俄国，妇女的名字写在父亲或丈夫的国内护照上，只有得到父亲或丈夫的许可才能去工作、学习和生活. 而当时西欧有些国家思想较为解放，甚至有少数大学招收女生，为了能够摆脱家庭的束缚和争得出国求学的机会，索菲娅决定仿效别人，采取一种当时比较流行的办法：先和一位愿意帮助自己出国的男子假婚，形式上结为夫妻，然后出国求学.

一位年轻的出版商弗拉基米尔·柯瓦列夫斯基 (1842—1883) 从朋友们那里得知了索菲娅的突出才能和对于科学不同寻常的热爱，在与她见面之后决定同意与她假婚，以帮助她到国外学习，打开通往科学的道路. 柯瓦列夫斯基出生在一个归化俄国的波兰地主家庭, 曾受教于一所上流寄宿学校, 能流利地讲法语、英语和德语, 结业后受其兄鼓励进莫斯科大学古生物学系学习, 但遭到父亲的反对而改到彼得堡的一所学院学习法学. 他开始接受民主思想, 并中断学习, 与几个年轻朋友出国旅游, 又结识了一些俄国的政治流亡者, 加入了民粹主义者的团体. 在欧洲旅行期间, 他深感俄国科学的落后, 萌发了把外国先进的科学书籍引入俄国的想法, 因此开了一家出版科学和政治著作的出版社.

在索菲娅的父母不知实情的情况下, 索菲娅和弗拉基米尔·柯瓦列夫斯基于 1868 年 9 月 27 日举行了 "婚礼". 此后, 他们彼此一直遵守事先的承诺, 私下里索菲娅称弗拉基米尔为哥哥, 直到 6 年后, 索菲娅完成了学业并在科研中取得了成果, 才与弗拉基米尔·柯瓦列夫斯基成为真正的夫妻.

索菲娅与弗拉基米尔婚后即来到圣彼得堡, 她终于能够学习了, 但在当时还不能明目张胆地听课. 到达圣彼得堡的第二天, 她就在弗拉基米尔和伯父彼得等一群人的护卫下去听谢切诺夫的生物课. 多人陪伴既是为了掩护她免受大学当局的注意, 也是怕班里男生们的议论.

在圣彼得堡期间, 索菲娅被压抑多年的求知欲迸发出来, 她向有机化学家、科学院院士济宁学习化学, 向生理学家谢切诺夫学习生理学和解剖学, 并试图让物理学家彼得鲁舍夫斯基教她物理学, 而斯特兰诺柳布斯基则每周来几次给她讲授高等数学, 通常每次有 5 个小时. 在经过了这样一段集中的学习后, 她终于认定: 数学, 而且只有数学才是自己喜爱并且应当付诸一生努力的学科.

在此期间, 她还认识了俄国伟大的革命民主主义者车尔尼雪夫斯基, 常去他家访问, 并和车尔尼雪夫斯基夫妇成为终身的朋友.

在海德堡大学旁听

1869 年 4 月, 索菲娅·柯瓦列夫斯卡娅终于得以和弗拉基米尔·柯瓦列夫斯基一道离开圣彼得堡, 她的姐姐安娜也一道离开. 他们在奥匈帝国首都维也纳短暂旅居后, 安娜去了巴黎.

索菲娅和弗拉基米尔于 5 月来到德国海德堡. 一下火车, 索菲娅就直奔海德堡大学, 向这所德国最早创立的大学递交了入学申请. 但大学当局找借口不予答复, 还因传言怀疑她是单身、甚至是某种骗子. 弗拉基米尔作为她的 "丈夫" 亲自出面拜访了校长, 加上当时他哥哥亚历山大·柯瓦列夫斯基已经因胚胎学的研究成果而出名, 这才使海德堡大学允许索菲娅临时听课, 但事先必须征得有关教授的同意. 索菲娅一一拜访了自己想听学科的教授, 得到了他们的同意.

在海德堡大学的三个学期里, 她每周听课 18~22 小时, 向著名的教授莱奥·柯尼希斯贝格尔和保罗·迪布瓦 – 雷蒙学习数学, 向著名的物理化学家古斯塔夫·基尔霍夫学习物理, 向赫尔曼·亥姆霍兹学习生理学.

海德堡大学

　　索菲娅·柯瓦列夫斯卡娅的勤奋好学很快在海德堡大学出了名，并赢得了人们的尊敬．当她走在街上时，人们都会对她投去敬佩的目光，报纸上还时而登载关于她的特写文章．即使如此，索菲娅仍保持着沉静和谦虚的品格，从不炫耀自己，很少露面，甚至很少和全班同学在一起．这种朴实的行为得到德国教授们赞赏．

　　索菲娅也尽力为争取妇女的权利而工作．她在争取妇女有高等教育权利的请愿书上签名；假期和弗拉基米尔去英国旅游期间，在一个小说家的沙龙里，她和一位哲学家、社会达尔文主义者斯宾塞辩论了 3 个小时，因为斯宾塞认为妇女的智能大大低于男性，没有一个妇女能够从事科学工作；为了帮助出国求学的妇女，他们的住处成了弗拉基米尔所说

的 "妇女公社" 的留宿点. 来过的有她的表姐妹冉娜、奥莉加, 冉娜的表妹尤利娅, 姐姐安娜, 一位远亲和一位来避难的革命者纳塔利娅. 其中只有尤利娅和索菲娅在此常住, 再来人时弗拉基米尔就让出自己的卧室住到附近的公寓里, 当时他已开始研究地质学和古生物学.

柯瓦列夫斯卡娅在海德堡大学的学习进展很好, 教授们鼓励她考虑做一些成熟的研究生水平的工作. 1870 年春, 柯尼希斯贝格尔教授开设椭圆函数论课, 索菲娅被这一严密、深刻而奇妙的数学理论深深吸引并着了迷. 特别是, 柯尼希斯贝格尔在课上无限崇敬地介绍了他的导师、柏林大学教授魏尔斯特拉斯 (K. Weierstrass, 1815—1897) 在椭圆函数理论研究中做出的重要贡献, 以及其他重大成果. 索菲娅决心去柏林大学, 直接聆听这位令她十分敬仰的大师讲课. 尤利娅也决定和她一道去柏林大学读化学, 弗拉基米尔则到德国耶拿 (Jena) 大学做学位论文.

难得大师传授四年

大器晚成的杰出数学家魏尔斯特拉斯 1815 年出生于德国一个海关官员家庭. 1834 年他按照父亲的意愿到波恩大学学习法律和商学, 但他把相当一部分时间用来自学酷爱的数学. 毕业后, 他在准备参加教师资格考试的学习中, 得到了数学教授古德曼的悉心指导, 很好地领会了雅可比 (C. G. J. Jacobi, 1804—1851) 关于椭圆函数的工作, 写出把椭圆函数表示成幂级数的商的出色论文, 于 1841 年获得教师资格. 从 1842 年到 1856 年, 他在两个偏僻的地方中学里当了 15 年教师, 不仅教数学, 还教物理、德文、地理甚至体育和书法, 而所得薪金连进行科学通信的邮资都付不起. 但他以超人的毅力, 白天教课, 晚上攻读数学家阿贝尔 (N. H. Abel, 1802—1829) 等人的著作, 奠定了他一生数学创造的基础.

1854 年, 39 岁的魏尔斯特拉斯的论文《阿贝尔函数论》发表, 引起轰动. 哥尼斯堡大学授予他名誉博士学位; 1856 年成为柏林大学的讲师, 并被选进柏林科学院, 1864 年升任柏林大学教授直到去世. 他培养了许多卓有成就的数学家, 被誉为 "现代分析之父", 是一个对整个数学界带来巨大影响的伟大数学家. 著名数学家希尔伯特 (D. Hilbert, 1862—1943) 曾指出: "魏尔斯特拉斯以其酷爱批判的精神和深邃的洞察力, 为数学分析建立了坚实的基础。…… 今天, 分析学能达到这样和谐程度, 本质上应归功于魏

魏尔斯特拉斯

尔斯特拉斯的科学活动." 晚年他享有很高的声誉, 几乎被看成是德意志的民族英雄.

1870 年 10 月初[①], 柯瓦列夫斯卡娅来到柏林. 由于据传当时柏林大学的几位行政管理负责人都反对妇女受教育, 而他们是魏尔斯特拉斯的学生, 因此她决定直接向魏尔斯特拉斯提出请求.

初次见面, 魏尔斯特拉斯一点也看不出柯瓦列夫斯卡娅的年龄, 因为她戴着一顶宽边下垂的帽子遮着她的脸. 当她提出要拜他为师时, 魏尔斯特拉斯感到吃惊, 但非常体谅地给她出了一些关于双曲函数的题目, 告诉她如果能够在一周以内解出这些题目, 就再来找他.

不到一个星期, 柯瓦列夫斯卡娅拿着答案回来了. 魏尔斯特拉斯吃惊地发现, 她不仅每道题都答对了, 而且解题富有技巧和独到的思维方法. 这些题只有数学专业的高才生才能完成, 魏尔斯特拉斯感到她是一个难得的数学天才, 她所具有的 "直觉能力, 甚至在他的更为年长、更为成熟的学生中也是罕见的".

由于当时沙皇政府散布流言蜚语, 说所有在国外的俄国妇女都是狂热的革命者, 而且道德败坏, 为了更进一步了解柯瓦列夫斯卡娅的情况, 魏尔斯特拉斯写信给她原来的老师、海德堡大学的柯尼希斯贝格尔, 要他提供有关索菲娅·柯瓦列夫斯卡娅数

---

① 关于柯瓦列夫斯卡娅 1870 年达到柏林的时间, 文献 [4] 为 10 月初, 文献 [5] 为夏天结束, 文献 [6] 为 8 月 16 日, 百度百科为秋, 在所见其他文献中没有说明.

学水平的详细材料，同时问他"这位小姐的人品是否有足够的保证"。所有问题的回复都是令人满意的，魏尔斯特拉斯向学校评议会提出了索菲娅·柯瓦列夫斯卡娅的入学申请，虽然得到了 4 位杰出教授的支持，但因大多数教授反对而被评议会否决。

历经艰难获得成就的魏尔斯特拉斯，不能想象怎能抛弃像柯瓦列夫斯卡娅这样一位杰出的数学天才，他不顾已经繁重的课程安排，决定给她单独授课，把在大学里讲的课简要地给她讲述一遍，同时阐述自己的研究工作。在此后的四年里，只要柯瓦列夫斯卡娅在柏林，每星期六必去访问他，而魏尔斯特拉斯则每周另挑一天到她和尤利娅合住的公寓去。在魏尔斯特拉斯的指导下，柯瓦列夫斯卡娅的数学研究突飞猛进，而魏尔斯特拉斯也发现，对于他的数学思想，柯瓦列夫斯卡娅是一位"注入新鲜因素的热情的参与者"，在和她的交谈中，许多他已经猜测到的或正在摸索的东西变得清晰了。

在柏林期间，柯瓦列夫斯卡娅通常每天工作 16 小时或者更长的时间。她和尤利娅很少参加社会活动，除了一道去访问魏尔斯特拉斯全家。终生未婚的魏尔斯特拉斯和他的两个妹妹都很喜欢她们，把她们当成自己的孩子一样。

经历巴黎公社暴风雨

索菲娅的姐姐安娜是在答应和索菲娅住在一起后才被父亲允许出国的。但安娜到达维也纳后，她的政治抱负很快就取代了在文学上的追求，她为法国的工人运动所吸引而移居巴黎, 到印刷厂当排字工人, 并加入了巴黎的革命团体. 在革命活动中, 她认识了法国青年马克思主义者维克托·雅克拉尔 (1840—1903), 他们相爱并同居. 为了逃避反动当局的追捕, 他们逃到了瑞士日内瓦, 在那里, 安娜参加了第一国际的俄国支部, 他们还认识了马克思. 1870年9月他们秘密回到巴黎, 参与了巴黎公社运动的决策. 1871年3月18日至5月28日的巴黎公社, 是无产阶级革命打碎资产阶级国家机器的第一次尝试, 是第一个无产阶级政权的雏形. 维克托·雅克拉尔任巴黎公社公众安全委员会委员、国民自卫军第17军团司令; 安娜是教育委员会的五名委员之一, 分工负责妇女教育.

巴黎公社成立

索菲娅因挂念姐姐, 1871年4月初和弗拉基米尔一道冒险去巴黎. 因没能从围城的德国驻军处获得通行证, 只好沿着塞纳河边步行, 后来找到了一条丢弃的小船, 借着天色已暗, 他们不顾哨兵查问口令的叫声和枪击, 涉险进了巴黎. 从 4 月 5 日到 5 月 12 日, 索菲娅和姐姐一道, 在巴黎公社的一所医院里护理遭凡尔赛政府炮击的伤员, 她在圣彼得堡受过的一点医学训练得到了浴血战斗的巴黎人的赞扬.

在姐姐的催促下, 索菲娅和弗拉基米尔回到柏林, 不料 5 月 22 日巴黎落入梯也尔军队之手, 大屠杀和反革命恐怖开始了. 索菲娅为姐姐担忧, 当传来维克托被捕的消息和安娜也被捕的谣传后, 6 月 10 日索菲娅和弗拉基米尔又来到巴黎. 发现安娜虽受政府追捕但还平安, 便把她偷偷带到伦敦, 在马克思的帮助下临时安下家. 他们则留在巴黎设法帮助被捕的维克托. 后来维克托从监狱逃走, 用弗拉基米尔给他的通行证跑到瑞士, 安娜在父母的祝福下与维克托举行了结婚仪式.

勇开先河的女博士

1871 年 9 月, 索菲娅回到柏林, 恢复了每星期与魏尔斯特拉斯的互访, 魏尔斯特拉斯开始和她讨论自己当前的研究工作. 索菲娅说: "这些谈话对我整个的数学事业有极其重要的影响, 它们最终地和不可改变地确定了我在未来科学工作中遵循的方向. 所有我的工作, 都是严格遵照了魏尔斯特拉斯的思想精神而做出的."

由于废寝忘食地学习和研究，索菲娅生了一场大病，医生劝她休养一段时间．当时正值安娜临近分娩，因此索菲娅在 1873 年 4 月去了瑞士苏黎世姐姐家．在那里她结识了在苏黎世大学学习数学的俄国女青年伊丽莎白·利特维诺娃，二人成为好朋友．利特维诺娃带索菲娅拜访了她的导师、魏尔斯特拉斯的学生、数学家赫尔曼·施瓦茨 (C. H. A. Schwarz, 1843—1921)．在休养的两个月内，柯瓦列夫斯卡娅多次访问了施瓦茨教授，与他讨论数学问题，施瓦茨对她的才华十分赞赏．

在苏黎世期间，柯瓦列夫斯卡娅得知魏尔斯特拉斯已经担任柏林大学校长，她不忍心让年已 58 岁的导师在繁忙的公务下再挤时间为她单独授课，因此给导师写信，在对他的任职表示祝贺之后，说她在大学的最后一年里可以在苏黎世听施瓦茨教授的课．魏尔斯特拉斯很快回了一封短信，说总会找到时间辅导她的，请她不必担心，并要求她在身体允许的情况下尽早回到柏林．

柯瓦列夫斯卡娅回到柏林后，在魏尔斯特拉斯的指导下勤奋工作，到 1874 年春已完成了三篇论文．她在《关于偏微分方程的理论》中独立地证明了一类偏微分方程初值问题解析解的存在唯一性定理，即现在通称的柯西 – 柯瓦列夫斯卡娅定理，这是偏微分方程一般理论的第一个重要结果．她的第二篇论文，运用魏尔斯特拉斯的一些最新成果，把一类阿贝尔积分化简成较简单的椭圆积分，"以高度的技巧性有效地解决了一个很困难的问题"．第三篇论文, 她在土星环是流体的假设下, 运用幂级数方法, 将法国著名数学家、天文学家拉普拉斯关于土星环是椭圆形的结论改进为是卵形体的、并以某种方式显示出方向性. 现在知道土星环是由固体而非流体构成, 因此该文的结论不再具有意义, 但她用到的幂级数方法后被著名数学家庞加莱 (J. H. Poincaré, 1854—1912) 等用于其他问题的研究.

当时哥廷根大学可凭论文授予外国人学位, 魏尔斯特拉斯也认识那里的数学家们, 因此他们决定将论文投送到哥廷根大学. 魏尔斯特拉斯多次与哥廷根大学书信联系, 在推荐书中对柯瓦列夫斯卡娅的工作给予了实事求是的评价, 并指出: "在我的来自世界各国的学生中, 没有任何人胜过她." 同时, 可能考虑到她的德语不够好, 因此极力希望免除对柯瓦列夫斯卡娅的口试. 柯瓦列夫斯卡娅本人也写信给哥廷根大学哲学系系主任, 坦诚地承认自己担心处在非常地位当面答复不相识的男士会使自己慌乱, 另外, 德语说得很差. 哥廷根大学经过对论文的审定, 最后同意破例免除口试. 1874 年 8 月, 索菲娅·柯瓦列夫斯卡娅以最优成绩, 在没有进行口试的情况下被授予数学博士学位, 成为近代世界第一个获得数学博士学位的妇女, 也是所有学科中最早获得博士学位的妇女之一.

魏尔斯特拉斯的学生中有不少著名数学家, 如莱奥·柯尼希斯贝格尔、格奥尔格·弗罗贝尼乌斯、赫尔曼·施瓦茨、卡尔·龙格、米塔－列夫勒、库尔特·亨泽尔、富克斯等, 但他认为索菲娅·柯瓦列夫斯卡娅是他最有才华和最喜爱的学生.

20多岁时的柯瓦列夫斯卡娅

夙愿难在俄国实现

1872 年 3 月, 弗拉基米尔·柯瓦列夫斯基以一篇受到科学界广泛赞扬的进化古生物学论文《现代马起源于史前马》从耶拿大学取得了博士学位.

1874 年夏末, 索菲娅和弗拉基米尔离开西欧回到俄国. 9 月 29 日, 全家人和闻讯从远近赶来的朋友聚集在帕里比诺庄园, 庆贺圣·索菲娅的命名日, 同时热烈欢迎她学成归来.

索菲娅是带着学者的荣誉和满腔热情回国的, 她迫切希望找到一个可以施展才华的天地. 1874 年 9 月, 她和弗拉基米尔来到圣彼得堡, 想进入首都科学界, 并尽快获得大学或科学院的职位. 索菲娅的一个远亲从自己居住的大楼里为他们提供了一套公寓. 当时, 索菲娅的好友尤利娅也在被哥廷根大学授予化学博士学位后回国, 同样非常想获得一个科学职位, 便来圣彼得堡和他们住在一起.

三位回国博士应邀出席了由著名化学家门捷列夫主持的一个招待晚会, 首都数学界、生物和古生物界、化学界的一些名人参加了晚会. 柯瓦列夫斯卡娅与来宾中的著名数学家切比雪夫 (П. Л. Чебышёв, 1821—1894) 见了面, 就共同关心的数学问题热烈讨论直至午夜. 虽然切比雪夫对柯瓦列夫斯卡娅有友好的表示, 但当时俄国大多数科学家普遍认为柯瓦列夫斯卡娅在数学上带有德国倾向而对她怀有敌意. 切比雪夫和俄国学派不赞同 "为分析而分析" 的魏尔斯特拉斯学派, 而更喜欢从实际问题出发、进行具体而实际的研究. 这种反德意志倾向不仅表现在科学问题上, 还表现在政治问题和社会问题上, 因此许多俄国科学家对柯瓦列夫斯卡娅所受的德国式教育抱排斥态度.

让三位年青学者感到失望的是, 在热情欢迎之后, 他们并没有得到所期望的工作任命. 只有尤利娅在通过几年的努力之后才得以在一位院士的实验室里工作, 而索菲娅不仅难以实现从事科学研究的愿望, 甚至难以找到一个比较合适的职业. 因为当时俄国规定, 只有获得硕士学位才有资格在预科学校的高年级或大学任教, 而法律上又禁止妇女参加硕士考试, 因此女性就不可能从事高等教育, 只能到妇女预科班的低年级任教. 对此, 柯瓦列夫斯卡娅不无讽刺地说: "很遗憾, 我对九九表不内行." 弗拉基米尔也很不顺利. 他一年前曾在敖德萨参加硕士考试, 但因过于自信未作准备, 又顶撞了主考官, 不仅未获通过, 还落下了不好的名声; 加上他在出版社破产后出国, 担着赖账的污名. 因此, 虽然他于 1875 年 3 月在圣彼得堡获得了硕士学位, 仍然没有得到期望的职位任命.

1875 年上半年, 索菲娅和弗拉基米尔决定改变已有 6 年多的形式上的婚姻, 开始作为一对正常的夫妻生活在一起. 他们没有固定收入, 也没有在短期内获职的前景, 为了迅速致富, 决定仿效他人做房地产投机生意. 1875 年 9 月索菲娅的父亲去世, 原来准备留给她的 5 万卢布遗产, 其中 2 万早已给弗拉基米尔偿还出版债务, 只剩下 3 万. 他们将这笔钱, 还有说服家人和朋友拿出的钱, 以及抵押贷款, 投资到在圣彼得堡附近建造公寓和公共浴室, 并用来出租. 这项宏大的计划在初期好像很成功, 他们搬进了新的大公寓, 又迁入带有花园和果园的房子, 并有了城里富人的标志 —— 自己的奶牛. 他们经常出现在首都的社交场合, 他们家也成了知识分子和社会名流的一个聚会场所.

1876 年, 年轻的瑞典数学家古斯塔 · 米塔 – 列夫勒 (M. G. Mittag-Leffler, 1846—1927) 来访, 他于 1872 年在瑞典乌普萨拉大学获博士学位, 之后曾到巴黎、哥廷根和柏林留学, 得到法国著名数学家埃尔米特 (C. Hermite, 1822—1901) 和魏尔斯特拉斯的指导. 他是从魏尔斯特拉斯那里来的, 试图重新引起索菲娅对数学的兴趣, 但没有成功. 而索菲娅的知识、智慧和魅力给他留下了极好的印象，他写信给朋友说："作为一个学者，她的特点是表述问题非同寻常地清晰和精确.……我完全理解了，为什么魏尔斯特拉斯认为她是自己最有才华的学生."

弗拉基米尔在 1876 年又和认识不久的苏沃林、利哈切夫合办了激进的《新时代》报，但这两人很快就改变了该报的政治倾向，1877 年弗拉基米尔与他们分手，但所投资的 2 万卢布再也没能收回.

1878 年 10 月 17 日，柯瓦列夫斯卡娅的女儿富法诞生了，但她在怀孕期间很艰难，分娩则更痛苦，产后病了好几个月，并落下了心脏衰弱的后遗症. 1879 年 2 月索菲娅的母亲去世. 不久，柯瓦列夫斯基夫妇的房产王国也崩溃了.

发财的愿望破灭后，财务灾难加上有人造谣诽谤，使弗拉基米尔心烦意乱，几乎到了失常的地步. 但索菲娅则比较平静、淡泊地面对破产的威胁，开始寻求更为严肃的生活. 她试写文学作品和新闻报道，恢复了与一些激进人物的交往，参与了为在 1878 年开办圣彼得堡"女子高等专修班"而进行的筹款活动，一起为学校张罗课桌、书本、资金和教师. 她原想应该被邀请在该校教数学，但政府规定妇女只可成为学校的实验室或教室管理人员而不能作为正式教员，心愿再次成为泡影.

重新把握自己命运

索菲娅·柯瓦列夫斯卡娅在怀孕及产后卧病的日子里，回顾了近三年来的一切，为自己业已麻木的思想感到吃惊, 决定重新把握自己的命运, 回到数学上来.

索菲娅自父亲去世后就中断了与导师魏尔斯特拉斯的通信, 已经三年了. 魏尔斯特拉斯来过几封信, 包括听到她父亲去世后给她的慰问信, 她都没有回复. 魏尔斯特拉斯不理解这位如此有才华的学生为什么突然间沉默了. 1878 年 8 月, 他来信不无焦虑地问道: "你是否收到我的信? ……去年切比雪夫来柏林访问时, 曾转告我说, 你已经放弃了数学, 进入社交界了. 我相信这一定是谣传, 请你告诉我这不是真的. 你曾经是那么的优秀, 那样地专注于数学, 你是我最喜爱的学生. 亲爱的索菲娅, 请你回信, 把你的信寄到柏林的老地址. 我随时等待你的来信." 导师的来信使她十分感动和惭愧, 她回信表示自己希望重新开始数学研究, 但目前还不行, 她要尽一个母亲的责任, 请导师再等一段时间.

魏尔斯特拉斯建议柯瓦列夫斯卡娅从研究晶体介质中光的折射等具体问题入手, 以熟悉她的研究领域近期的进展和成果. 她听从了这一建议, 并拜访了切比雪夫听取他的意见. 切比雪夫建议她为 1879 年底在圣彼得堡召开的第六届自然科学家大会准备一篇讲演. 柯瓦列夫斯卡娅找出了自己一些未公开发表的结果的笔记, 把《论某一形式的第三类阿贝尔积分简化成椭圆积分》译成俄文后递交给大会数学组. 她的讲演受到了热烈欢迎, 与会的利特维诺娃说, 尽管论文已尘封了 5 年多, 但还是 "以其想法的新颖与创见引人注目". 米塔 – 列夫勒也参加了大会, 他已经在 1877 年被聘为芬兰赫尔辛基大学的数学教授. 听了她的讲演后, 他决心尽一切可能为她在赫尔辛基大学谋求一个职位, 即使危及自己的名声和前途也在所不顾. 这一切使柯瓦列夫斯卡娅备受鼓舞.

1880 年, 柯瓦列夫斯基夫妇在他们的最后一份财产公开拍卖后移居莫斯科, 并借款 65480 卢布, 以一并支付弗拉基米尔的所有债务, 同时还清了欠圣彼得堡的债权人的钱. 索菲娅的弟弟费迪亚为这笔借款作了担保. 好友、富法的教母尤利娅毅然辞去了在高等妇女专修科的实验室指导员工作, 随他们一起搬到莫斯科, 从经济上和精神上帮助他们.

索菲娅是怀着重新投入科学生活的强烈愿望来到莫斯科的, 1880 年 6 月, 她出席了莫斯科数学学会的会议, 并宣读了论文. 会议期间, 她和莫斯科的数学家们进行了长时间的讨论, 甚至说服了一些人赞成魏尔斯特拉斯的分析方法.

柯瓦列夫斯卡娅非常期望能够在大学里获得一个教职, 她试图向教育部提出申请, 希望当局能够让她参加硕士考试. 这虽然得到一些教授和莫斯科大学数学系的支持, 甚至校长吉洪拉沃夫也用个人名义向教育部提出了请求, 但仍然没有成功. 报国无门的柯瓦列夫斯卡娅感到难过, 同时也认定, "为了维护我们妇女的荣誉", 唯一可以做的, 就是尽可能地多出一些数学研究的成果. 为此, 必须与欧洲数学界重新建立联系. 1880 年 10 月底, 她将刚两岁的女儿交给尤利娅照管, 迫不及待地去了柏林. 在两个多月里, 百忙中的魏尔斯特拉斯挤出时间会见她, 并给予指导, 她也再次扮演了魏尔斯特拉斯的思想共振器的角色, 并且以她对所研讨问题的独特处理方法使他惊讶不已. 魏尔斯特拉斯指导她查阅了与晶体介质中光折射研究有关的近期发表的或用手稿传播的研究成果. 当柯瓦列夫斯卡娅返回莫斯科时, 她的数学知识更新了, 也恢复了自信. 有一段时间, 她集中精力于应用数学, 甚至还发明了一种照明设备. 1881 年 3 月 29 日她被遴选为莫斯科数学学会会员.

破产后的弗拉基米尔则变得孤僻和更加喜怒无常. 索菲娅试图劝他回到古生物学研究或者在学术界找一份工作, 但他听不进去, 仍在寻求发财之路, 梦想东山再起. 1880 年 5 月, 正当他哥哥亚历山大在莫斯科大学为他谋求职位而活动时, 他却又一次冒险, 加入了拉戈津兄弟的石油公司, 并用借来的钱买下了公司至少 25% 的股票, 价值超过 2 万卢布. 特别是当他在莫斯科大学地质系的任命终获批准并预定在 1881 年开始时, 他却为拉戈津公司的业务到国外出差而推迟了归期, 并且不通知大学校方.

柯瓦列夫斯卡娅从柏林回来时, 不得不与愤怒的债主和因弗拉基米尔缺席而被激怒的地质系打交道. 她表面上镇静地处理了这些事务, 但在给亚历山大的信中抱怨 "弗拉基米尔用令人无法容忍的轻率对待所有这一切, 他在收到我的信和电报之后一个半星期才复信 …… 如果去年的经历 (圣彼得堡的破产) 对他还没有教训的话, 那我们对他真是不要再有任何指望了." 而就在这时, 拉戈津又告诉她, 她的丈夫欠了公司 17000 卢布. 索菲娅被彻底激怒了，弗拉基米尔出差回来后他们决定分居.

1881 年 3 月，弗拉基米尔去敖德萨他哥哥处，索菲娅母女则去柏林. 在去华沙的路上，索菲娅有一半路程是在哭泣，但她对自己未来的方向是清楚的，数学将成为自己的生活，其他的一切考虑都将退居次要地位.

挺过最艰难的岁月

1881 年 3 月底或 4 月初，索菲娅 · 柯瓦列夫斯卡娅带着女儿富法和保姆来到柏林，魏尔斯特拉斯已为她们找好一间便宜的公寓. 她经常去看望导师，研究光折射方面的各种著作，继续进行电学方面的实验.

与此同时，柯瓦列夫斯卡娅与米塔 – 列夫勒继续通信，讨论在赫尔辛基大学任职的可能性. 从 1880 年 10 月起他们就为此事开始通信联系，但希望渺茫. 问题并非是怀疑她的水平，也不是因为性别，因为芬兰人有着一种对妇女问题持有进步观点的传统. 原因在于当时芬兰在俄国控制下，芬兰人害怕她会把俄国民粹派的革命思想带到这里来，也怕引起俄国官员的不满. 为此，米塔 – 列夫勒向索菲娅表示歉意，并告诉她，自己很快就要回瑞典，到新建的斯德哥尔摩大学工作，并将负责数学系，或许能够为她作出某种安排. 很想得到一份教职的索菲娅表示，只要是在一所高等教育机构中任职，不管职位多低她都愿意接受. 魏尔斯特拉斯感到索菲娅离开数学已经很久了，她至少应该把正在进行的研究项目完成一项，以减少求职的困难. 索菲娅接受了他的意见.

由于姐姐安娜来信说十分想念她，索菲娅在 1881 年秋末带着三岁的富法和保姆来到巴黎与姐姐相聚. 安娜愿意给她提供经济上的帮助，希望她在找到正式工作前能和自己一起生活. 开始一段时间，索菲娅因手头拮据，加上为弗拉基米尔的精神状态和拉戈津公司担心，很难把精力集中在数学上. 不久富法又生了一场重病，痊愈后，索菲娅不得不听从亚历山大的劝告，于 1882 年 3 月 1 日送女儿和保姆回俄国敖德萨，将女儿放在伯伯家里抚养. 亚历山大一直关心她们，并寄过一些钱给富法.

1882 年 5 月，米塔－列夫勒和新娘来巴黎度蜜月，得知柯瓦列夫斯卡娅来巴黎 6 个多月还没有结识法国数学家，便带她访问了大分析学家埃尔米特. 柯瓦列夫斯卡娅还认识了庞加莱、皮卡 (C. E. Picard, 1856—1941)、达布 (J. G. Darboux, 1842—1917) 等著名数学家. 法国同行们热情邀请她参加他们的学术活动，并在 1882 年 7 月 21 日推荐她为巴黎数学会会员. 索菲娅开始卓有成效地工作.

当时巴黎有一个很大的侨民社区住着俄国和波兰的革命者，经安娜等人的介绍，索菲娅结交了不少朋友，其中最要好的是波兰革命者玛利亚. 索菲娅把自己的护照借给玛利亚到俄占波兰作非法旅行，还以其他方式帮助她的政治活动. 玛利亚也在索菲娅旅居法国时向她提供了一个住处. 在与这些革命者接触后，对比他们为了改变政治现状可以不惜牺牲个人利益甚至生命,她常常感到不安,觉得自己的工作只对一小部分专家有用,这令人羞愧,因为这时正是"人人有责,把自己的最好的精力奉献给大多数人的事业"的时候. 这种政治上的负罪感终身困扰着她.

索菲娅未曾料到的是,她的丈夫弗拉基米尔正在被她概括的"努力把为地质学的服务和对财神的侍奉结合起来"中走近崩溃. 他无法集中自己的注意力,课上不好,甚至为了给拉戈津公司办事而误课;他花光了应留给索菲娅的一切,包括她母亲的珠宝;他欠了公司一大笔债务,公司又因股票诈骗行为败露而经理层面临被审判的危机;加上他为获得俄国博士学位送审的论文又被否定,不堪重重打击的弗拉基米尔·柯瓦列夫斯基于 1883 年 4 月 27 日深夜喝了一瓶氯仿自尽. 他在写给哥哥的遗书中说:"写信告诉索菲娅,我的永恒的思念是属于她的,我总是想到在她面前我做的错事是多么严重,想到我是如何糟蹋了她的生活,她的生活中如果没有我,本来会是灿烂而幸福的."

这一不幸的事件使索菲娅陷入了极度悲痛之中,她无法吃下任何东西,并且拒绝见任何人. 她为丈夫的死责备自己,深信如果自己在莫斯科她是能够阻止这件事的. 她在绝食五天后昏厥了,医生强行给她喂食才恢复知觉. 此后,她把思绪转移到数学上,投入课题的研究,并完成了光折射问题的工作.

初夏时,索菲娅感到自己的身体已经能够支持住,便回俄国为丈夫处理后事. 弗拉基米尔虽然在旅欧期间就马化石的工作做出过一些杰出成果,被学术界认为是进化古生物学的创始人之一,去世前还在莫斯科大学任教,但他业已破产,市政方面把他作为贫民来办丧事.幸亏莫斯科大学校长吉洪拉沃夫的调解,他的私人文件、化石收藏品和书籍才没有因为要支付丧事费而被拍卖.校长还把他的办公室和实验室锁上,坚持说里面都是学校的财产而拒绝官方进入,这才使柯瓦列夫斯卡娅能够把弗拉基米尔的有关拉戈津公司的文件收齐后送交起诉人,还他以清白.柯瓦列夫斯卡娅为清理丈夫的财务,洗刷他的污名,在莫斯科一直忙到秋天.她为弗拉基米尔的墓碑写了铭文:"你的灵魂瞬间得到安息,如此快乐,尘世从未有过,这是虚幻之乡的安息." 至此,她的心才得以渐趋平静.

在莫斯科期间,她还在与米塔－列夫勒和魏尔斯特拉斯洽商在斯德哥尔摩大学任职的事.她在回俄国途中曾在柏林逗留,给魏尔斯特拉斯看了她关于光折射问题的全部工作,导师很满意,鼓励她把结果写出来正式发表.8 月底,索菲娅·柯瓦列夫斯卡娅在敖德萨举行的第七届自然科学家和医师大会上递交了论文,受到了与会科学家的好评.

在四处漂泊无处生根,找不到理想工作,断绝经济来源,丈夫自杀留下精神创伤的最艰难的岁月里,索菲娅·柯瓦列夫斯卡娅坚强地挺了过来,终于在1883 年 9 月初从魏尔斯特拉斯那里得到消息,经过米塔－列夫勒联合其他几位教授的努力,斯德哥尔摩大学同意任命索菲娅·柯瓦列夫斯卡娅为私人讲师. 虽然是试用一年, 没有薪水和正式地位, 仅由她的学生经过私下安排向她支付酬金, 但她终将成为在现代欧洲大学中担任职务的妇女.

米塔-列夫勒

终获大学教授职位

1883 年 11 月 17 日, 索菲娅·柯瓦列夫斯卡娅到达斯德哥尔摩. 她暂时和米塔－列夫勒的父母住在一起, 这个大家庭成了她临时的家, 米塔－列夫勒的妹妹安娜·卡洛塔和她成了好朋友.

最初几周她所遇到的人一般都是友好的, 一些年轻的女性甚至欣喜若狂, 把她作为妇女解放的战友来欢迎. 一份进步的斯德哥尔摩报纸用夸张的言辞宣布了她的到来: 今天我们必须通报你们的, 不是一位平常的王子或是同样显贵但不学无术的人物到来了. 不是的, 今天到来的是一位科学的公主, 柯瓦列夫斯卡娅夫人, 她光临本城并且将成为全瑞典第一位女私人讲师.

尽管米塔 – 列夫勒、他的大多数大学同事和瑞典进步的社会各界人士对柯瓦列夫斯卡娅是友好的，但反对者并未销声匿迹. 斯德哥尔摩大学是由进步人士针对保守的老牌大学乌普萨拉大学和伦德大学于 1878 年新建的，它的大部分资金由私人捐赠，并从成立之日起就在平等的基础上招收女学生. 米塔 – 列夫勒等教授强烈主张男女平等，强调"把科学从老牌大学的保守主义中解放出来"，而老牌大学的大多数教授则坚持传统的信念与教学方法，甚至对把私人讲师这种低级职务授予妇女也感到怒不可遏.

为了能够顺利地教学和融入当地社会，柯瓦列夫斯卡娅决心集中精力尽快学会瑞典语. 令人吃惊的是，不到两个星期，她已经能讲得够好了，以至在为她举行的招待会上，她已不感到窘迫. 索菲娅找了一所新公寓，结交了新朋友，对反对她的人也作了一些了解.

1884 年 1 月 30 日柯瓦列夫斯卡娅第一次讲课，课前米塔 – 列夫勒作了宣传. 她用德语讲她十分熟悉且做出过重要成果的偏微分方程，课堂里坐满了人，除了 12 名选修高等数学的学生外，还有慕名而来的其他学生，一些教授、大学官员和感兴趣的市民. 第一课在热烈的掌声中结束. 她的教学态度严肃认真，讲课风格简洁而明确，无意追求幽默与活泼. 她赞赏这些优秀的学生，课后对他们热情而友好；学生们对她则非常欢迎和崇拜，学期结束时，班上的学生送给她一张镶在镜框里的合影，上面写着热情的赞词, 令她非常感动. 一学期后, 她已经用瑞典语讲课了.

斯德哥尔摩大学

　　米塔 – 列夫勒于 1882 年创办了杂志《数学学报》(Acta Mathematica), 柯瓦列夫斯卡娅在 1884 年担任编委, 从而成为世界上进入主要科学杂志编辑部的第一位妇女. 她经常和米塔 – 列夫勒进行学术研讨, 还与魏尔斯特拉斯、埃尔米特、皮卡、克罗内克、龙格、切比雪夫、瓦西列夫、谢利瓦诺夫等保持通信联系. 从 1883 年底开始, 她着手研究刚体绕定点转动的经典问题. 在教学、科研和编辑工作之余, 她还一直密切关注着波兰、俄国和德国革命活动的情况.

　　1884 年 6 月 28 日柯瓦列夫斯卡娅被任命为非常任教授, 任期五年. 这一任命是她的支持者米塔－列夫勒等教授和反对者们妥协的结果，条件是米塔－列夫勒等不再反对乌普萨拉大学的两位毕业生从私人讲师提升为常任教授. 暑假，她回莫斯科与女儿及尤利娅共住了两个月，看望了患癌症的姐姐安娜，挤出了一笔钱帮助陷于困境中的弟弟. 此后她应邀出席了柏林科学院的年会，8 月底回到瑞典，写好她的论文《论晶体介质中的光折射》的简报，交法国科学院的《通报》发表.

1885 年春末，斯德哥尔摩大学的力学教授霍尔姆格伦病了，有人提议让柯瓦列夫斯卡娅代课，她也愿意，但因有的领导和一些教授反对，只同意让她临时顶替. 霍尔姆格伦不久去世，他们宁可取消这一力学教授职位，也不愿给予柯瓦列夫斯卡娅. 争议主要集中在她的民族，她是魏尔斯特拉斯学派的突出成员，特别是她的不同政见. 柯瓦列夫斯卡娅清楚，只要她放弃同情社会主义和革命者，就可以消除一些批评，但她从未这样想过，如她自己所说，在重大问题上，"我必须完全照我自己的判断行事."

1886 年秋，她接女儿到斯德哥尔摩，刚刚简单地建起一个家，秋末就因姐姐安娜病情严重被召回俄国. 在陪伴姐姐的两个月里，往事的回忆使她产生了写两部剧本的念头，后与安娜·卡洛塔合作在 1887 年 3 月写成《为幸福而奋斗：现实》和《为幸福而奋斗：理想》. 此后，她不时被召回照料姐姐. 1887 年夏，姐姐的病情突然恶化，她在给安娜·卡洛塔的信中说，为了缓解自己焦虑的心情，"我在心里解数学题，深入思考着庞加莱的充满天才的论文……在这种时候,数学是一种宽慰.这是一种感受到我们自身以外还有另一个世界的安慰." 待姐姐病情稳定去巴黎后,她回到瑞典.正当她继续抓紧刚体旋转问题的研究时,传来姐姐在一次手术后突然去世的消息,索菲娅在极度的悲痛中怀着对姐姐的挚爱与深情开始写《童年回忆》.

当索菲娅·柯瓦列夫斯卡娅的五年非常任教授即将到期时,斯德哥尔摩大学通知,这个职位要进行招聘.虽然这时她已经获得有极高荣誉的法国科学院博尔丹奖,该职位又没有其他的候选人,加上米塔-列夫勒教授作了精心安排,还有埃尔米特、意大利杰出数学家贝尔特拉米、挪威数学家比耶克内斯写了评价优异、面面俱到而又无懈可击的推荐信,但是她的任命仍然受到了一些人的反对.理由是她是瑞典主要的社会主义领袖卡尔的密友.幸好米塔-列夫勒做了一些工作,投票的结果压倒性地支持索菲娅·柯瓦列夫斯卡娅.1889年6月中旬,她被任命为斯德哥尔摩大学终身教授职位,从而成为近代第一位获此职位的妇女.索菲娅实现了"干自己应干的事,做自己想做的人"的夙愿.

荣获法国科学院奖

经过5年的努力,1888年夏,索菲娅·柯瓦列夫斯卡娅终于完成了刚体绕定点转动问题的论文,并提交法国科学院.由于这个问题在理论上和应用上的重要性,为了推动对该问题的研究,法国科学院以博尔丹奖悬赏.

当时有 15 人提交了论文, 学术委员会一致认为索菲娅·柯瓦列夫斯卡娅的论文极富开创性, 并且远远胜过了其他的论文, 特地将奖金由 3000 法郎提高到 5000 法郎.

1888 年 12 月 24 日, 法国科学院举行了隆重的授奖仪式. 科学院院长皮埃尔·杨森先生高度评价了索菲娅·柯瓦列夫斯卡娅的成就, 他说: "当今最辉煌、最难得的荣誉桂冠之一, 将要落到一位妇女的头上. 本科学院的成员们发现, 她的工作不仅证明她拥有深刻广博的科学知识, 而且显示了她的巨大的创造才智."

柯瓦列夫斯卡娅成为继索菲·热尔曼之后, 第二位获得法国科学院大奖的女科学家. 巴黎的报纸热烈地赞美, 整个欧洲科学界为之轰动, 斯德哥尔摩大学在 1889 年隆重举行大会, 庆祝柯瓦列夫斯卡娅的获奖. 魏尔斯特拉斯教授也兴奋极了, 感到这是他晚年最大的快乐之一.

柯瓦列夫斯卡娅的论文在欧拉、拉格朗日等前人研究成果的基础上, 打破了对这个问题的研究长期停滞不前的局面, 开辟了近代力学中应用数学分析方法的新方向. 获得博尔丹奖之后, 她还写过两篇关于刚体绕定点转动问题的论文, 获得了瑞典科学院的奖金.

第一位科学院女院士

获得博尔丹奖的索菲娅·柯瓦列夫斯卡娅像一颗耀眼的新星升起, 受到世界各国科学家的瞩目, 在俄国国内也引起了巨大的反响，但沙皇政府仍然拒绝接受她到俄国工作. 在切比雪夫为首的一批学者的努力下，俄国科学院的院士们不顾当局阻挠，于1889 年 11 月 4 日，以 20 票对 6 票通过了一项能接受妇女为科学院通讯院士的原则. 3 天后，俄国科学院数学学部以 14 票对 3 票正式通过了授予索菲娅·柯瓦列夫斯卡娅通讯院士职位，从而她成了历史上第一个获得科学院院士的女科学家.

但是这一任命并不能给柯瓦列夫斯卡娅提供回国工作的可能性，因为只有成为科学院的常任院士，才有高薪、实验室和办公设备，她才能在经济上有条件留在俄国.

心力耗尽英年早逝

正当索菲娅·柯瓦列夫斯卡娅科研事业取得辉煌成就的时候，正当她处于创造能力的全盛时期的时候，疾病却无情地夺走了她的生命.

索菲娅在巴黎获奖以后的几周里接到许多为她举行的正式或私人宴会的邀请，但她没有兴致去享受同行们的赞扬. 对于刚体绕定点转动问题的研究使她感到自己已经精力衰竭，她写信给米塔－列夫勒，要求能因健康原因向学校请假，并决定留在巴黎.

索菲娅当时的健康状况已不容她拼命干了，尽管她还出席讨论班，经常和埃尔米特、庞加莱、皮卡等交谈，她还是不得不把原来的数学研究暂时放在一边.

到了 1889 年春天，她才慢慢地从过于劳累的紧张状态中恢复过来. 她在巴黎租了一所公寓, 并且以巴黎为起点到欧洲其他地方去旅行. 2 月她去法国南方度过了一段美好的时光, 并写了几篇童年时代的故事. 不久, 她回到巴黎参观一个国际博览会, 和俄国的侨民朋友以及法国数学界接触, 她给朋友写信说: "我身体状况完全好了, 并适合工作了 …….现在我已回到巴黎, 继续我的力学领域的研究." 当年春天和夏天, 她在巴黎出席了好几场社会主义者、工人的大会, 7 月份还作为两名俄国妇女代表之一参加了妇女劳动者及其组织大会.

1889 年仲夏, 索菲娅·柯瓦列夫斯卡娅和庞加莱等人获法国教育部 "公共教育干事" 的荣誉称号, 成为第一个女干事. 夏末, 索菲娅带着女儿富法回到斯德哥尔摩大学, 以终身教授的身份工作. 秋季, 她完成了《童年回忆》, 在读给几位好友听后, 按照她们的建议在瑞典文版中改写成第一人称, 并隐去真名, 1889 年下半年以《俄国生活一页: 拉夫斯基姐妹俩》的书名发表, 在斯堪的纳维亚知识界引起了良好反响. 冬天, 她开始写车尔尼雪夫斯基的传记小说和中篇小说《一个民粹派姑娘》.

1890 年 5 月, 柯瓦列夫斯卡娅到彼得堡旅行. 当时俄国科学院院士布尼亚科夫斯基去世了, 她希望能填补这一空缺成为科学院的常任院士. 虽然她在彼得堡受到了热忱的接待, 市议会正式欢迎她回到首都并邀请她作讲演; 高等女子专修班的数学与物理考试, 邀请她作为评委; 科学院主席康斯坦丁大公及夫人和她两次共进晚餐等, 但是由于在科学院内部仍有人反对妇女入选常任院士，加之数学家马尔可夫声称在她的两篇关于刚体绕定点转动的论文中发现了"决定性的错误"，虽然这一指责后来被证明是不对的，但索菲娅想填补科学院空缺的愿望落空了.

1890 年 7 月和 8 月的俄文杂志《欧洲通报》上发表了柯瓦列夫斯卡娅的《童年回忆》，在俄国引起了轰动. 这年夏天她旅行、访友，秋天回到斯德哥尔摩大学工作.

1891 年 1 月下旬，柯瓦列夫斯卡娅离开法国南方来到戛纳后着凉了，但为了在春季学期前赶回斯德哥尔摩，她带病赶路. 在巴黎、柏林稍事停留期间，她和埃尔米特、皮卡、魏尔斯特拉斯、克罗内克等数学家交谈、研讨，谈到在斯德哥尔摩大学的课程，自己对科学院职位的渴望，也谈到德国著名数学家狄利克雷 (P. G. L. Dirichlet, 1805—1859) 的论文，大家都为她的博学和活力所吸引而没有注意到她已经患病.

柯瓦列夫斯卡娅回到斯德哥尔摩时，已经病得很重了，实际上已患肺炎，但她没有当回事.

2 月 3 日她工作了一整天，4 日按预定的课表上课，晚上还出席一个给学校募捐办学资金的晚会，但因体力不支不得不中途退席回家. 第二天早晨，她请人将一张卡片交给米塔 – 列夫勒，请他去找医生. 米塔 – 列夫勒大吃一惊，因为索菲娅不是那种一有病就急于求治的人. 医生来她家后并未确诊，只是告诫她必须持续护理，于是请了一位护士日夜看护.

但柯瓦列夫斯卡娅病情很快恶化. 除了护士之外, 她的一些同事也赶来照顾她. 索菲娅已经预感到自己病情的严重, 一连几天都在与人讨论自己正在进行的数学和文学工作, 她说她打算至少要完成参与巴黎公社的回忆录, 一篇部分根据父亲生活构思的小说和已写了一半的关于车尔尼雪夫斯基的传记. 索菲娅对米塔 - 列夫勒谈到她已经对应用魏尔斯特拉斯的函数论于力学和数学物理的问题产生了浓厚兴趣. 她还向同事勾画了椭圆积分和阿贝尔积分在数学物理问题上的进一步应用. 可惜, 她所讲的这些内容人们都没有记录下来, 因为谁也没有想到她的病已严重到危及生命, 相反都相信她会慢慢恢复. 甚至医生 2 月 9 日来看望她时, 也称她已脱离危险. 而正是在这天夜里, 索菲娅·柯瓦列夫斯卡娅的病情突然加重, 经过几个小时的煎熬, 她陷入了昏迷. 人们赶紧发出电报去召呼她的朋友, 但她再也没有苏醒过来.

1891 年 2 月 10 日上午, 索菲娅·柯瓦列夫斯卡娅与世长辞, 年仅 41 岁.

不尽的哀思

索菲娅·柯瓦列夫斯卡娅突然去世的消息震惊了全欧洲的数学家和其他知识界人士, 人们怎么也不能相信这位生气勃勃、勇于探索的科学家已经辞世.

柏林大学数学系系主任克罗内克称颂她是"罕见的探索者". 彼得堡高等女子专修班的前校长、当时俄国的一位妇女领袖娜塔莎·斯塔索娃在日记中写道："柯瓦列夫斯卡娅去世了！这真是一个悲剧！她在这里并没有得到足够的评价."

索菲娅·柯瓦列夫斯卡娅的葬礼庄重、肃穆. 前来参加的有瑞典很多著名的知识分子，大批的学生和普通市民. 在教堂、送葬的道路两旁和公墓里挤满了为她送行的人. 电报和敬献的花圈、奠仪从欧洲各地到来，光是为了从教堂到墓地运送花束和花圈就用了两辆四轮马车.

瑞典、法国和其他一些国家的数学学会都为索菲娅·柯瓦列夫斯卡娅召开了追悼会. 来自她的祖国的知识分子，特别是妇女更加深切地表达了对她的敬意和哀悼. 彼得堡高等女子专修班募捐委员会筹集资金为她在斯德哥尔摩的墓地树立了纪念碑，碑上用俄文刻着"献给数学家教授索菲娅·瓦西列

索菲娅半身像
（芬兰雕塑家沃尔特
(Walter Runeberg)作）

夫娜·柯瓦列夫斯卡娅, 她的俄国朋友和赞美者."
募捐委员会还设立了一个以她的名字命名的数学奖
学金, 并为她的女儿富法提供了一份长期生活津贴.
1896 年, 妇女界还集资在她的墓前塑造了一座纪念
像.

索菲娅·柯瓦列夫斯卡娅逝世一百多年来, 世
界各地的人们对她的怀念始终不断且与日俱增.

在俄罗斯帕里比诺庄园里建了索菲娅·柯瓦列
夫斯卡娅纪念馆, 1951 年苏联为她发行了纪念邮票,
月球上一座山被命名为 Sonya Kovalevsky, 2000 年
为她发行了纪念币.

苏联纪念邮票(1951)

从 1991 年起, 美国女数学家协会和女科学家协
会, 发起和赞助地区性柯瓦列夫斯卡娅高中校园日
活动, 向高中女生们介绍柯瓦列夫斯卡娅和其他杰
出女科学家的事迹, 并鼓励她们考虑今后以数学和
科学为职业. 有不少大学举办了这项活动, 如爱荷华

纪念币(2000)

(Iowa) 大学数学系在 2016 年 4 月 16 日, 组织了第 11 个一年一度的索菲娅·柯瓦列夫斯卡娅高中数学日, 以激励年轻女性对数学的兴趣, 鼓励她们继续学习数学和科学. 这次活动的主题是 "数学: 过去与未来", 有演讲、讨论、游戏等, 免费参加.

在墨西哥, 1991 年, 以墨西哥国立自治大学 (UNAM) 为核心的女数学家和女科学家协会举办了柯瓦列夫斯卡娅逝世 100 周年纪念活动.

在德国, 凯撒斯劳滕大学于 1992 年设立了一个以索菲娅·柯瓦列夫斯卡娅命名的应用数学方面的女性访问教授职位.

美国作家, 参考文献 [4] 的作者 Ann Hibner Koblitz 用该书的版税设立了面向发展中国家女性科学家的柯瓦列夫斯卡娅基金, 以鼓励亚洲、非洲、拉丁美洲的女性参与科学事业.

2002 年, 德国洪堡基金会设立了索菲娅·柯瓦列夫斯卡娅奖, 由德国联邦教学和研究部资助, 每两年颁发一次, 获得博士学位 6 年以内、在德国以外工作的科学家均可申请这一奖项, 研究领域不限, 最高可获 165 万欧元的资助. 截至 2015 年, 该奖已颁发过 8 次, 获奖者超过百人, 其中有七名中国学者.

柯瓦列夫斯卡娅为妇女攀登科学高峰树立了光辉榜样. 她的形象和业绩, 永远铭记在人们心中.

永载史册的两大成果

索菲娅·柯瓦列夫斯卡娅一生发表过 10 篇数学论文, 分别在两段时间内完成: 一是 1871—1874 年, 在魏尔斯特拉斯教授指导下研究数学期间, 论文重点是分析中的理论问题; 二是 1881—1890 年, 在欧洲漂泊和工作期间, 研究重点是力学和数学物理. 在这两段时间里, 柯瓦列夫斯卡娅始终运用由魏尔斯特拉斯发展起来的函数论的技巧来解决理论问题和实际问题, 取得了永载史册的两大成果: 一是证明了偏微分方程中现在通称的柯西 – 柯瓦列夫斯卡娅定理, 二是解决了一大类刚体绕定点转动问题.

微分方程理论是伴随着微积分一道成长起来的. 从 17 世纪 70 年代到 18 世纪末, 数学家们关注的是求微分方程的通解; 19 世纪 20 年代, 法国著名数学家柯西 (A. L. Cauchy, 1789—1857) 首先指出, 应当把求微分方程满足一定条件的特解和证明其存在性提到首要的地位. 柯西等人相继建立了常微分方程初值问题 (又称柯西问题) 解的存在性定理和唯一性定理. 1842 年, 柯西又进一步提出了关于偏微分方程的初值问题, 并且给出了一个解答, 但他生前没有公之于世.

1874 年, 柯瓦列夫斯卡娅在《关于偏微分方程的理论》一文中, 证明了偏微分方程初值问题解析解的存在唯一性定理. 该定理最简单的形式为:

对于一阶偏微分方程的初值问题

$$
\begin{cases}
\dfrac{\partial u}{\partial t} = f\left(t, x_1, x_2, \cdots, x_n, u, \dfrac{\partial u}{\partial x_1}, \dfrac{\partial u}{\partial x_2}, \cdots, \dfrac{\partial u}{\partial x_n}\right), \\
t = 0, u = \varphi(x_1, x_2, \cdots, x_n).
\end{cases}
$$

如果函数 f 和 φ 都是其变元的解析函数, 且 φ 在 f 的定义域内, 则该初值问题存在唯一的解析解.

对于一阶偏微分方程组有类似的定理, 而高阶偏微分方程可以化为一阶偏微分方程组来讨论.

在得到上述结果之前, 无论是魏尔斯特拉斯还是柯瓦列夫斯卡娅都不知道柯西的工作. 实际上, 直到 1875 年法国数学家达布发表了一篇与柯瓦列夫斯卡娅的结果多少有些相同的论文时, 数学家们还普遍不知道柯西关于这个问题的工作. 在一场以代表索菲娅的魏尔斯特拉斯为一方, 以代表达布的埃尔米特为另一方进行的成果优先权的争论中, 柯西的解答才被发现.

柯瓦列夫斯卡娅关于这一问题的结论和简明扼要的表述赢得了数学家们的高度称赞. 庞加莱在其关于三体问题的著名回忆文章中写道: "柯瓦列夫斯卡娅夫人显著地简化了柯西的证明方法, 并且赋予这个定理最后确定的形式."

苏联数学家奥列伊尼克院士指出: "柯瓦列夫斯卡娅的工作标志着偏微分方程一般理论发展的开端." 柯西 – 柯瓦列夫斯卡娅定理是偏微分方程理论研究

的基本出发点,意义重大,影响深远,至今,偏微分方程教科书仍把这一定理列为重要内容.虽然它仅限于解析函数范围之内,在非线性的情形也只能涉及小范围的解,但这个定理有助于解决大量物理、几何上的问题,并使人们对这些问题的解的存在性和逻辑上的合理性深信不疑.例如,由于这个定理,人们认为电动力学的麦克斯韦方程、流体力学的欧拉方程等都是可解的.在 20 世纪初,以该定理为分析基础,形成了解析函数领域中偏微分方程组的最一般的理论.

柯瓦列夫斯卡娅还利用热传导方程给出了一个偏微分方程初值问题即使有形式幂级数解也没有解析解的实例,并在 1885 年 7 月 15 日致米塔 – 列夫勒的信中指出,她自己认为最重要的一点是关于某些偏微分方程的可积条件,但她注意到无论是柯西还是达布,都没有论及这一点.

柯瓦列夫斯卡娅的另一个重要贡献是关于刚体绕定点转动这一经典问题.所谓刚体,是在运动过程中大小和形状保持不变的物体.刚体绕固定点转动,是指刚体中只有一个点固定不动,刚体围绕通过该点的轴线转动.摆、陀螺与回转仪是这类运动的典型例子.1765 年,欧拉给出了刚体绕定点转动的动力学方程和运动学方程,它们组成一个由六个非线性常微分方程构成的方程组,因为其中的函数有 7 个自变量,因此在一般情况下,如何求得它的解析解是一件非常困难的事.对于除了约束反力外,只在重力作用下绕定点转动的刚体 (简称重刚体),到目前为止,只知道在三种情况下可求出它的解析解：首先，欧拉研究解决了固定点与刚体的重心相重合的情况；随后，拉格朗日和泊松 (S. D. Poisson, 1781—1840)，研究解决了刚体的重心位于动力对称轴上但不与固定点重合的情况。他们都是用了高度的技巧才得以求得了这两种情况下的解。此后，研究工作因难度太大而长期停滞不前，柯瓦列夫斯卡娅独辟蹊径，发现了可以求解的第三种情况，其条件是：物体关于固定点的主转动惯量 A, B, C 满足关系式 $A = B = 2C$ (有的文献记为 $I_1 = I_2 = 2I_3$)，且重心位于惯量椭球的赤道平面上 (亦即 A, B 两个主转动惯量轴所在的平面上) 时，她利用此关系式，将欧拉动力学方程组化简，然后通过它和运动学方程组，运用高度的分析技巧，得到了关键的第四个代数积分，即后人所称的**柯瓦列夫斯卡娅积分：**

$$(p^2 - q^2 - n\gamma_1)^2 + (2pq - n\gamma_2)^2 = 常数 = k,$$

其中 p, q 是角速度的分量，γ_1, γ_2 是定轴 $O\zeta$ 与活动轴夹角的余弦，$n = \dfrac{pa}{C}$，a 是重心到固定点的距离。最后归结为超椭圆型积分，从而圆满地解决了问题。

俄国著名力学家茹科夫斯基评论说："她的分析是那样的简单，照我看，这是值得放进解析力学课程中的。" 数学家涅克拉索夫同意这一看法，说："她处理问题的办法极为独特，主要反映在她机敏地想出了从复杂逐渐转为简单的途径，反映在她把非常困难的问题转化为易于解决的问题的能力。" 数学家们注意到，柯瓦列夫斯卡娅在解决旋转问题时，发展了一种寻找代数可积性必要条件的渐近方法, 这种方法已被数学物理学家们用于其他问题的研究中.

难以替代的特殊贡献

柯瓦列夫斯卡娅对于数学发展的贡献除了她的科研成果外, 还有两个无形的巨大贡献: 一是她在促进欧洲各数学大国之间的联系和交流方面起了他人难以企及、无法替代的作用; 二是她作为一个可以与当时最杰出的数学家们比肩的女性, 对世俗和偏见的冲击, 以及对全世界女性的鼓舞是前所未有、难以估量的.

柯瓦列夫斯卡娅在 1874 至 1891 年间, 把魏尔斯特拉斯学派的理论引进、推广到俄国, 推动了俄国数学事业的发展. 当时, 关注具体应用的俄国数学家们对以魏尔斯特拉斯学派为代表的德国数学持有偏见、怀疑甚至排斥的态度, 认为他们的理论研究过于抽象, 太脱离实际, 因而或者根本不去看他们的成果, 或者故意歪曲这些研究. 当时许多俄国数学家尽管颇有建树, 但他们几乎不知道欧洲其他地方数学的进展. 柯瓦列夫斯卡娅帮助改变了这种状况, 魏尔斯特拉斯的分析方法终于进入了俄国, 不少数学家还请她推荐西方已发表的数学文献. 特别是著名数学家切比雪夫, 从 1879 年后, 基本上定期给柯瓦列夫斯卡娅写信, 短短的 10 年间, 切比雪夫写给她的信件, 在他一生现存的有关数学的信件中占了将近三分之一, 可见切比雪夫对与她保持联系的重视.

19 世纪后半叶, 法国、德国及俄国的数学学派处于世界数学的主流. 柯瓦列夫斯卡娅是期刊《数学学报》的编委, 又经常在这些国家之间旅行, 与各地的一流数学家们接触和通信. 她向俄国同行介绍欧洲其他地方数学的最新发展, 也把俄国数学家的成果传播给西方; 她不仅自己将擅长抽象分析的德国风格和注重实际的俄国风格完美结合起来, 还以其多样化的背景, 出色的阐述能力, 以及和这三国数学家们的热诚关系, 成为一个能把数学思想在学派间传播的完美人选.

19 世纪末叶欧洲的大数学家们, 如埃尔米特、皮卡、庞加莱、贝尔特拉米、魏尔斯特拉斯、施瓦茨、亨泽尔、克罗内克等都完全承认并且接纳柯瓦列夫斯卡娅为自己行列中的一员, 柯瓦列夫斯卡娅和他们以及其他数学家们平等交流, 是一位受尊重的、对等的同行.

柯瓦列夫斯卡娅的才华受到她同时代人以及后人们的称赞. 数学家、历史上第二位女数学博士利特维诺娃写道: "庞加莱和其他第一流的数学家怀着极大的兴趣注视着她的研究结果. 然而, 一般都相信柯瓦列夫斯卡娅并不是一个数学的天才 —— 她没有开拓任何革命, 但是毫无疑问她和我们时代的大多数有才能的男数学家是对等的. 她深入地探查了既存的方法, 以最聪明的方式应用了这些方法, 和别人一起使用这些方法, 并且发展了这些方法. 她做出了全新的和卓越的发现, 并且轻易地驾驭了难点." 数学家涅克拉索夫在他的纪念讲演中也说: "我不想夸大她的智力天赋的程度 …… 但是我必须说, 柯瓦列夫斯卡娅无疑和我们时代最有才能的男数学家相等."

拥有诗人心灵的数学家

1886 年英国代数学家西尔维斯特写了一首十四行诗, 称索菲娅·柯瓦列夫斯卡娅是 "天界的缪斯". 难得的是, 柯瓦列夫斯卡娅除了在数学、物理方面的成就外, 她还是一个作家, 她创作了一部长篇童年回忆录, 两本短篇小说, 两部剧本 (合作), 还有一些诗歌, 多篇时论和对旧时的回忆, 其中很多都是生前未曾发表的.

其中影响面最广、持续时间也最久的是她的抒情、怀旧、文笔很美的自传体小说《童年回忆》. 这篇小说以其丰富的内容、含蓄的政治倾向轰动了俄国, 后来被译成多种文字, 广为流传. 一些评论家呼吁她尽快写出她 15 岁以后的故事, 一些陌生的读者也写信希望她继续写下去, 她也曾着手写该书的一个续篇, 打算至少写到自己的学生时代, 遗憾的是未能如愿.

另一本影响较大的小说《一个民粹派姑娘》写了一位女青年薇拉·沃龙佐娃牺牲个人幸福嫁给一位已被定罪的革命者的故事. 根据沙皇时代的惯例, 如果嫁给他, 他就可能被减刑. 该书 1892 年首次以瑞典文出版, 俄文版同时在瑞士发行, 虽在俄国屡屡遭禁, 但该书的德文、法文、波兰文和英文译本仍从国外被偷偷带进俄国.

有人认为，索菲娅·柯瓦列夫斯卡娅在文学上花费这么多的精力，是否意味着要放弃数学研究而转向文学创作？她在给朋友的一封信中说："我理解，你对我能同时在数学和文学方面进行工作感到惊奇。许多从来没有机会更多地探索数学的人们把数学混同于算术，并且认为这是一门干涩、枯燥的科学。但是实际上并非如此。本世纪最杰出的数学家之一（魏尔斯特拉斯）曾经正确地说过，没有诗人的心灵是不可能成为一位数学家的。……至于说到我，我从来都不能确定在数学和文学二者中更偏向于哪一方面。每当我对纯粹抽象的思维感到疲劳时，我立即开始转向观察生活，转向一种重视所见所闻的强烈冲动。反之，在另一些时间，当生活突然似乎变得不重要和乏味时，那就唯有科学的永恒不易法则能吸引我。如果我只集中精力于一门专业，我很可能会在这一专业上做出更多的工作。但是，我就是不愿放弃其中任何一项。"

　　索菲娅·柯瓦列夫斯卡娅不仅是数学家和作家，而且毕生用自己的实际行动为妇女的平等权利，尤其是接受和从事高等教育的权利、接受科研职位的权利进行了不懈的斗争。这使得她的文学作品也带有较强烈的政治色彩。从某种意义上讲，索菲娅·柯瓦列夫斯卡娅是以创作含有政治主题的小说和剧本，作为自己把数学家职业放在首位的一种补偿。事实上，在她的创作活动中，每一项创作，包括随笔和回忆录都至少要触及一些现实性很强的问题，比如对于传统的反叛、公众教育、女权主义、社会主义、共产主义等. 她的观点有时带有较强的浪漫色彩和理想主义, 但她始终想使自己的著作被人们看成是一种政治宣言. 她的作品吸引了俄国的自由派知识分子和激进派知识分子, 这些读者有一种变革沙皇政府的强烈愿望. 她的读者持有各种不同政见, 从著名的苏联共产党中央妇女部长柯伦泰, 到沙皇尼古拉二世的一位家庭成员都读过她的书. 柯瓦列夫斯卡娅的作品被广泛接受, 部分是源于她的模棱两可的表达方式不仅使公众、而且也使沙皇检察官感到满意.

在 19 世纪后半叶欧洲社会激烈动荡的变革年代, 索菲娅·柯瓦列夫斯卡娅是一位罕见的、杰出的探索者. 她追求妇女解放, 争取和男性同等的权利, 打破了数学王国男性一统天下的局面, 跻身于当时最优秀的数学家行列, 并且积极参与了社会及政治变革, 从未中断过与秘密革命团体的联系, 赞赏和尊重他们的献身精神, 并尽己所能去帮助他们. 在日常生活中, 她也热心帮助素不相识的人, 尽可能答复人们的来信, 利用自己会说英语、法语、德语的条件, 热心帮助来欧洲的旅游者, 并给她们写介绍信去找她在伦敦、巴黎、柏林和圣彼得堡的朋友. 然而, 由于政治信仰或观点不同, 或者是因为世俗与偏见, 甚或是出于嫉妒与报复, 在她身前和身后, 也不乏对她的成就、生活和人品的攻击, 甚至造谣和诽谤. 但是, 随着人类社会的不断进步, 世人越来越明白了真相, 越来越理解了她的追求与梦想, 越来越看清了她的成就与贡献, 人们更加尊敬和缅怀这位伟大的女数学家. 柯瓦列夫斯卡娅的榜样, 将鼓舞一代代年轻人, 为科学和社会的进步而勇于探索, 敢于创新, 不断进取.

三、伟大的女数学家
艾米·诺特

艾米·诺特

艾米·诺特, 德国人, 杰出的女数学家, 因其对抽象代数和理论物理里程碑式的贡献而著称. 爱因斯坦 (A. Einstein, 1879—1955) 称赞诺特是 "自妇女开始受到高等教育以来有过的最杰出的、富有创造性的天才", 苏联著名数学家亚历山大洛夫 (П. C. Александров, 1896—1982) 称她为 "有史以来最伟大的女数学家". 作为她所在时代的一位领先的数学家, 她发展了环、域和代数的理论. 在物理学中, 诺特给出的定理 —— 诺特定理, 揭示了对称和守恒定律之间的联系.

一门三数学家

1882 年 3 月 23 日, 诺特出生在德国埃尔朗根市 Franconian 镇的一个犹太人家庭. 她的父亲 M. 诺特 (Max Noether, 1844—1921) 是一位卓有成就的数学家, 虽因小儿麻痹后遗症, 一条腿受到影响, 但他主要靠自学成才, 24 岁获海德堡大学博士学位. 从教七年后, 于 1875 年在埃尔朗根大学任教授, 在那里他认识了一位成功商人的女儿并结婚.M. 诺特的主要成就在代数几何, 其中有 Brill-Noether 定理, AF+BG 定理, Max Noether 定理. 诺特父亲的好友、被誉为 "不变量之王" 的著名数学家哥尔丹 (P. Gordan, 1837—1912) 教授常来她家作客, 诺特后来献身于数学, 深受她父亲和哥尔丹的影响.

诺特有三个弟弟. 二弟弗里茨 (Fritz Noether) 是应用数学家, 35 岁去世的大弟是化学博士, 39 岁去世的三弟患慢性疾病.

没有文凭的大学毕业生

诺特作为老大, 又是唯一的女孩, 从小就深受父母喜爱. 她眼睛近视, 童年时说话有点口齿不清, 她家的一位朋友多年后说她在一个儿童聚会上迅速解决了脑筋急转弯问题, 显示了她的机敏和思维的逻辑性. 她虽然聪明, 但成绩并不突出. 1894 年她到埃尔朗根市女子高级学校读中学, 对语言学习很感兴趣, 爱跳舞, 但不喜欢钢琴等课程.

1900 年 7 月, 诺特高中毕业, 虽然她在 4 月份以优异的成绩通过了法语和英语女教师资格考试, 本可在留给女孩工作的学校里教语言, 但她却选择了到埃尔朗根大学继续学习. 因该校当时不准男女混合教育, 诺特只被允许旁听, 而且想听教授的讲课必须先得到教授本人的许可. 尽管如此, 1903 年 7 月 14 日, 她顺利地通过了毕业考试, 成了一个没有文凭的大学毕业生.

凤毛麟角的女数学博士

1903—1904 冬季学期, 诺特到哥廷根大学聆听了物理学家、天文学家施瓦茨西尔特 (K. Schwarzschild, 1873—1916) 和著名数学家克莱因 (F. Klein, 1849—1925)、希尔伯特、闵可夫斯基 (H. Minkowski, 1864—1909) 等开的讲座, 眼界大开, 进一步坚定了献身数学的决心.

1904 年, 关于女性在大学学习的限制被取消, 10 月 24 日诺特正式重返埃尔朗根大学专注于数学学习和研究, 成为数学系 47 名学生中唯一的女生. 1907 年 12 月她以在哥尔丹指导下完成的学位论文 "三元双二次型不变量的完全系" (On Complete Systems of Invariants for Ternary Biquadratic Forms) 获博士学位. 虽然该文一直受到好评, 但后来诺特并不满意, 说它像 "垃圾".

无薪工作七年, 科研不断进展

1908—1915 年, 诺特在埃尔朗根大学数学研究所无薪工作了 7 年, 其间代她重病的父亲作过讲座.

哥尔丹在 1910 年退休后偶尔还教学, 他的继任者施密特 (E. Schmidt, 1876—1959) 工作不久即离开, 由费舍尔 (E. S. Fischer, 1875—1954) 接任. 1911 年哥尔丹完全退休, 次年 12 月去世. 诺特对她的导师哥尔丹怀着深深的敬意, 在书房里一直挂着他的画像.

费舍尔对诺特有重要的影响, 尤其是将希尔伯特的工作介绍给她. 他们经常在讲座结束以后讨论很久, 有时诺特还用明信片与费舍尔讨论抽象代数问题.

在这 7 年里, 诺特将自己的原来只含 3 个变量的博士论文扩展到 n 个变量, 于 1910 年和 1911 年出版; 1913—1916 年间发表的几篇论文, 将希尔伯特的方法扩展和应用到一些数学对象, 如有理函数域和有限群的不变量, 标志她已经开始进入抽象代数领域.

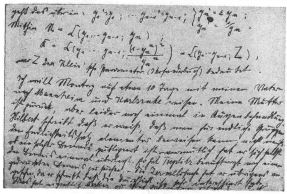

这张明信片
盖有1915年4月10日的邮戳

"诺特定理"永载史册

当诺特默默无闻待在埃尔朗根的时候，她发表的论文引起了希尔伯特的关注，希尔伯特在诺特关于连续群不变式论中找到了发展广义相对论的数学工具. 1915 年春, 希尔伯特和克莱因提出邀请诺特回到哥廷根大学, 但遭到同属哲学系的语言学家和历史学家们的反对. 他们坚持认为, 女性不能成为大学教师. 一个教员甚至说: "当我们的士兵回到大学时, 发现他们需要向一个女人学习会怎么想?" 希尔伯特愤慨地说: "我看不到一个求职者的性别是反对她当教师的理由. 毕竟, 我们是一所大学, 而不是一个澡堂."

1915 年 4 月下旬, 诺特离开哥廷根, 她母亲 5 月 9 日突然在埃尔朗根去世. 大约在同一时间, 诺特的父亲已经退休, 她在埃尔朗根数周, 主要是照顾衰老的父亲. 1921 年 12 月 13 日她父亲去世.

诺特在哥廷根大学教书的第一年, 没有公职和薪金, 她的家人为她支付食宿和支持她的学术工作. 她的讲座只能写成这样的海报: "数学物理讲座, 主讲人, D. 希尔伯特及其助手 E. 诺特博士. 星期一下午 4:00—6:00. 免费."

希尔伯特

然而，抵达哥廷根后不久，诺特就用事实证明了自己的非凡能力. 1918 年，她通过拉格朗日量、欧拉 – 拉格朗日定理、连续性方程等，运用拓扑、泛函、变分、李群等数学工具，证明了理论物理的中心结果之一 —— 现在通称的**诺特定理**，指出：对于每个由局部作用产生的可微对称性，都有一个对应的守恒流. (To every differentiable symmetry generated by local actions, there corresponds a conserved current.) 这里所说的对称性，是物理系统、物理规律的对称性. 例如，牛顿力学定律不会因物体在空间中的移动而失效，因此牛顿力学定律具有空间平移对称性. 牛顿力学定律还具有时间平移对称性，因为昨天、今天或明天，物体的运动同样遵从牛顿力学定律. 牛顿力学定律还具有旋转对称性，等等. 与空间平移对称性对应的有线性动量守恒，与时间平移对称性对应的有能量守恒，与旋转对称性对应的有角动量守恒，等等.

美国物理学家莱德曼 (L. M. Lederman) 和希尔 (C. T. Hill) 在《对称和美丽的宇宙》一书中指出：诺特定理"被证明在指导现代物理学的发展中无疑是最重要的数学定理之一，可能与毕达哥拉斯定理相当."

第一次世界大战结束后，1918—1919 年的德国革命给德国社会带来了显著变化，女性获得了更多的权利. 诺特于 1919 年 5 月底通过了哥廷根大学的口试，6 月 4 日获得任教资格. 1922 年 4 月 6 日，她收到了普鲁士科学、艺术和公共教育部长的信，授

哥廷根大学数学系

予她一个特别的无薪教授头衔. 通常教授是有薪的
公务员职位, 而对诺特, 虽然承认了她的工作, 但讲
课没有薪水 (报酬直接来自学生学费), 直到一年后
她被任命为代数授课老师, 才有了少量的工资.

对抽象代数的开创性贡献

　　诺特定理对物理学产生了深远的影响, 数学家
们则更因她对抽象代数的开创性贡献而熟悉她的名
字. 贾可布森 (N. Jacobson, 1910—1999) 在《诺特
论文集》的引言中写道: "20 世纪数学最具特色创新
之一的抽象代数的发展, 很大程度上是由于她——
在发表的论文里, 在讲座中, 以及在她对同代人的个
人影响里."

　　17、18 世纪, 代数学研究的中心问题是证明代
数方程根的存在性和寻求代数方程的根式解, 即寻
求由方程的系数经加、减、乘、除和开方构成的公式
来表示方程的根. 1824 年, 阿贝尔证明了五次及五
次以上的一般方程不可能有根式解; 1829—1831 年

间, 伽罗瓦 (E. Galois, 1811—1832) 进一步给出了方程有根式解的充分必要条件. 到 19 世纪中叶以后, 代数学从研究方程转向对集合与集合上代数运算的研究, 代数学的研究对象突破了数 (包括用符号表示的数) 的范畴, 进入了近世代数 (即抽象代数) 的新时代. 这一突破是由伽罗瓦群的概念开始的, 此后群的概念进一步发展, 除了有限的、离散的群, 又出现了无限群、连续群等. 一些其他的代数系统, 如四元数、超复数、域、环和格等也先后产生. 但所有这些概念起先都是以具体的形式出现和被定义的, 伽罗瓦的群只是有限置换群, 克莱因的无限群是各种具体的变换群, 戴德金和克罗内克引进的域也都是具体的代数数域. 这些具体的代数系统有着不同的来源, 基本上是彼此独立地被研究而没有统一的基础. 随着研究的深入, 人们逐渐认识到这些代数系统中元素本身的内容并不重要, 重要的是关联这些元素的运算 (如乘法、加法) 及其所服从的规则 (如分配律、交换律等), 于是便开始了舍弃元素的具体内容从具体代数系统向抽象代数系统的过渡. 这方面早期的探索者有: 凯莱 (A. Cayley, 1821—1895), 他在1849—1854 年间首先指出群可以是一个普遍的概念, 不必局限于置换群, 从而引进了 (有限) 抽象群; 弗罗贝尼乌斯 (F. G. Frobenius, 1849—1917), 他从 1895年开始发展了研究抽象群的有力工具 —— 群表示论; 韦伯 (H. Weber, 1842—1913), 他在 1893 年提出了域的抽象理论, 等等. 但所有这些抽象化尝试都是局部的和不彻底的. 代数学中公理化方法的系统运用是在希尔伯特关于几何基础的工作出现之后. 20世纪初, 亨廷顿 (E. V. Huntington) 与狄克森 (L. E. Dickson) 给出了抽象群的公理系统 (1902, 1905), 斯坦尼兹 (E. Steinitz) 继承了韦伯的路线对抽象域展开了综合研究 (《域的代数理论》, 1910), 韦德玻恩 (J.H.M.Wedderburn) 则发展了线性结合代数 (《论超复数》, 1907), 等等. 特别是到了 20 世纪 20 年代, 在希尔伯特直接影响下的诺特及其学派的工作, 最终确立了公理化方法在代数领域的统治地位.

1920 年诺特与施迈德勒 (W. Schmeidler) 合作, 发表了一篇关于理想理论的论文, 其中他们定义了环的左、右理想. 1921 年她发表了标志着抽象代数现代化开端的具有里程碑意义的论文《环中的理想论》(Theory of Ideals in Ring Domains). 在这篇 40 多页的论文中, 诺特用公理化方法发展了一般理想论, 奠定了抽象交换环理论的基础. 由于对概念的准确的抽象及表述, 诺特的理论带有令人惊叹的一般性. 著名代数学家卡普朗斯基 (I. Kaplansky, 1917—2006) 称这一工作为 "革命". 该文产生了术语 "诺特环", 并将其他几个数学对象称为是 Noetherian (诺特的). 1925 年 8 月诺特完成了一般理想论手稿《数域和函数域上理想论的抽象表述》.

诺特的另一项重大贡献, 是以新的统一的纯粹概念的方式, 利用弗罗贝尼乌斯、狄克森、韦德玻恩及其他数学家几十年积累起来的成果, 逐步地建立了非交换代数及其表示理论. 1932 年诺特完成手稿《非交换代数》, 她与布饶尔 (R. Brauer)、哈塞

(H. Hasse) 合作证明的所谓 "代数主定理", 被著名数学家外尔 (H. Weyl, 1885—1955) 称为是代数发展史上的一个重大转折. 外尔还称赞诺特 "用她的工作改变了代数学的面貌".

和其他国家数学家的合作

20 世纪 20 年代, 哥廷根大学已成为国际数学和物理研究的一个主要中心, 世界各地的数学家们来到哥廷根. 诺特在哥廷根虽然没有正式教授的头衔, 但主要由于她的研究工作和教学活动, 哥廷根成为 20 世纪 20 年代和 30 年代前期抽象代数的中心, 吸引了世界各地的学者, 形成了哥廷根抽象代数学派, 其中有阿廷 (E. Artin, 1898—1962)、布饶尔、哈塞、麦克莱恩 (S. MacLane) 等.

1924 年, 荷兰青年数学家范德瓦尔登 (B. L. van der Waerden, 1903—1996) 到达哥廷根大学后即开始与诺特合作, 她提供了抽象概念化的宝贵方法. 范德瓦尔登后来说, 她的独创性 "绝对无与伦比". 1930—1931 年间, 范德瓦尔登出版了该领域重要的教科书二卷本《近世代数》, 其中第二卷大量引用了诺特的工作. 他把 "部分基于 E. 阿廷和 E. 诺特的讲座" 作为该书第七版的一个注释, 尽管诺特并未寻求认可. 这部用透彻的公理化形式写成的抽象代数著作的问世, 使抽象代数在很长时间内成为数学家们关注的一个热点.

1926—1930 年, 苏联拓扑学家亚历山大洛夫在哥廷根大学讲课, 他和诺特很快成了好朋友. 他们定期见面, 讨论有关代数和拓扑的交叉问题. 亚历山大洛夫称她为德诺特 (der Noether), 用男性化的德国标签作为一个钟爱的术语以示他的尊重. 诺特试图安排他在哥廷根获得一个常规教授的职位, 但只是帮助他获得了洛克菲勒基金会的奖学金. 诺特推动亚历山大洛夫将同调群的概念引入拓扑学. 1935 年, 在亚历山大洛夫和霍普夫 (H. Hopf, 1894—1971) 合作的《拓扑学》一书的前言中写道: "E. 诺特对数学一般概念的影响, 并不限于她的特定活动领域 —— 代数学, 而是对与她交往的任何人都产生的影响."

来自日本的中山正 (Takasi Nakayama, 1912—1964)、末纲恕一 (Zyoito Suetuna, 1898—1970) 等, 把诺特的学术思想带到日本, 形成了日本学派.

博士生的良师

在哥廷根大学, 诺特指导了十多位博士生. 1925 年 2 月通过学位论文答辩的第一个学生赫尔曼 (G. Hermann) 后来虔诚地称诺特是她的 "学位论文母亲"; 诺特指导过的道林 (M. Deuring) 在算术几何领域做出了显著贡献; 费廷 (H. Fitting) 因费廷定理和

诺特和她的学派(1932, 左七诺特, 右坐者曾炯之)

费廷引理而留名; 来自中国的曾炯之[①] 证明了曾定

① 曾炯之, 即曾炯 (1897—1940), 江西南昌人. 我国最早从事抽象代数研究的学者. 1928 年曾炯之以公费 (庚子赔款) 赴德国柏林大学数学系学习. 次年转入哥廷根大学, 师从诺特, 攻读抽象代数. 1933 年, 纳粹排犹, 诺特被迫移居美国, 行前嘱曾炯之一定要完成学业. 当年曾炯之发表了重要论文《论函数域上可除代数》, 他在题注中写道: "作者在此谨向导师 E. 诺特致以诚挚谢意, 在她的鼓励之下, 本文作者开始进行这一工作, 在本文撰写过程中, 她孜孜不倦的教诲和帮助, 使得作者最终得以完成本文." 1934 年, 曾炯之获博士学位, 博士论文题为《论函数域上的代数》, 指导教师是施密特. 此后他获中华文化教育基金会资助, 到德国汉堡大学进修, 受益于著名数学家阿廷. 1935 年 7 月, 曾炯之怀着一颗报国之心返回祖国, 受聘于浙江大学数学系, 任副教授. 1936 年, 他在《中国数学会学报》首卷发表了论文《关于拟代数封闭层次论》. 1937 年暑假后, 他应聘为北洋大学教授. 抗日战争爆发后, 北洋大学西迁, 曾炯之先后任西北联合大学、西北工学院、国立西康技艺专科学校教授, 1940 年 11 月因胃穿孔出血不幸逝世, 年仅 43 岁.

理.

诺特还和克鲁尔 (W. Krull, 1899—1971) 密切合作, 克鲁尔用他的主理想定理 (Hauptidealsatz) 和交换环维数理论大大促进了交换代数.

除了她的数学洞察力, 诺特还因关心他人而被尊重. 虽然她有时态度粗暴, 她仍然因为不断地帮助他人和耐心指导学生而获得声誉. 她对数学精确性的忠诚导致一位同事给她取名为 "一个苛刻的批评家", 但她把这种对精确性的要求与培养个人风格结合起来. 一个同事后来这样描述她: "完全非任性和摒除虚荣, 她从来没有为自己索取任何东西, 而首先是促进学生们的工作."

诺特生活非常节俭, 最初是由于没有工资, 但在哥廷根大学从 1923 年起开始给她支付少量工资之后, 她仍然过着一种简单朴素的生活. 在得到更多的报酬之后, 她把工资的一半留给了侄儿 G. E. 诺特.

诺特平常不在乎外表和举止而专注于研究. 著名的代数学家托德 (O. T. Todd, 1906—1995) 描述她在午餐期间完全沉浸于讨论数学, "疯狂地打着手势", 边吃边 "不断地溢出她的食物和从她的衣服上擦掉它, 完全泰然自若". 有一本关于她的传记, 说她讲课时不在意仪表, 课间休息时, 有两个女学生试图向她表达她们的关心, 但她们无法打断她与其他学生充满活力的数学讨论.

范德瓦尔登在纪念诺特的悼文中说, 她的讲座没有具体的教案, 有些学生感到沮丧. 相反, 她把她的讲座作为和她的学生自发的讨论时间, 让大家思考后得出结论, 同时阐明数学中的重要的前沿问题. 她的一些最重要的结果就是在这些讲座中发展的, 她的学生们的课堂笔记形成了几本重要教材的基础, 如范德瓦尔登和道林的教材.

诺特的几个同事参加了她的讲座, 她把自己的一些想法, 如结合代数的叉积, 让由他人出版. 诺特在哥廷根开出的长学期课程, 有记录的至少有五个:

1924—1925 冬: 群论和结合代数

1927—1928 冬: 超复量和表示理论

1928 年夏: 非交换代数

1929 年夏: 非交换算法

1929—1930 冬: 超复量的代数

这些课程通常在该领域的主要出版物出版之前已开出.

诺特说话很快 (很多人说是她的思维速度快), 并要求她的学生们高度专注, 不喜欢这种风格的学生与她有点疏远, 有些学生觉得她过于依赖自发的讨论. 然而, 她最敬业的学生们, 欣赏她对数学的热情, 尤其是她的讲座常常建立在他们一道做的早期工作上.

诺特形成了一个有相似思想路线的同事和学生们的紧密圈子, 并倾向于排除那些不同想法的人. 偶尔访问诺特讲座的 "局外人", 通常在房间里只待 30 分钟就会沮丧或困惑地离开.

诺特对工作和对学生充满了热情. 有一次, 教学楼因国家假日关闭, 她在楼外石阶上将同学们聚集,带领他们穿过树林到当地的一个咖啡馆里讲课. 即使在她被政府解雇后, 还邀请学生们来她家里讨论他们未来的计划和数学问题.

诺特(1930)

应邀到莫斯科大学访问研究

1928—1929 年冬, 诺特应邀到莫斯科国立大学, 除了继续和亚历山大洛夫开展研究工作外, 还讲授抽象代数与代数几何. 她还和拓扑学家庞特里亚金 (Л. С. Понтрягин, 1908—1988)、切博塔廖夫 (Н. Г. Чеботарёв, 1894—1947) 一道工作, 后者后来称赞诺特对伽罗瓦理论的发展作出了贡献.

诺特对 1917 年的俄国革命表现出相当大的支持, 她特别高兴看到苏联在科学和数学领域的进步. 这种态度在德国引起了不满, 她被逐出了宿舍大楼,因为学生领袖抱怨和一个"倾向马克思主义的犹太女人"生活.

莫斯科国立大学

国际数学界的认可

1928 年诺特参加了在意大利博洛尼亚举行的国际数学家大会, 9 月 5 日作了演讲.

1932 年诺特和阿廷因为他们对数学的贡献收到 Ackermann-Teubner 纪念奖, 奖金 500 马克. 这被视为对她的工作的一个迟来的正式认可, 但令她的同事们失望的是, 她既没有被提升为正教授, 也没有被选进哥廷根科学院.

1932 年, 诺特的同事们以典型的数学家的风格庆祝了她的五十岁生日. 哈塞在 《数学年鉴》 (Mathematische Annalen) 上发表了一篇论文献给诺特. 他在文中通过证明非交换的互反律 (noncommutative reciprocity law) 证实了诺特的猜测: 非交换代数的某些方面比交换代数简单. 这让诺特非常高兴.

1932 年 11 月, 国际数学家大会在苏黎世召开, 有 800 人出席, 包括诺特的同事, 著名数学家外尔、兰道 (E. Landau, 1877—1938) 和克鲁尔. 诺特应邀在全体大会上作一小时报告, 题为 "超复杂系统及其与交换代数和数论的关系" (Hyper-complex systems in their relations to commutative algebra and to number theory). 这是国际数学界对她的数学成就与贡献的最大肯定.

1932年苏黎世国际数学家大会会址

被纳粹政府逐出哥廷根

1933 年 1 月希特勒上台后, 纳粹活动急剧增加. 哥廷根大学的德国学生社团领导攻击 "非德国精神", 并归咎于犹太人和一个无薪大学教师沃纳·韦伯的资助, 而韦伯是诺特以前的一个学生. 反犹主义的态度制造了敌视犹太教授的氛围. 据说一位青年反对者甚至提出:"雅利安人学生要雅利安人的数学而不是犹太人的数学."

希特勒政府的第一批行动之一是将犹太人和政治上怀疑政府的雇员(包括大学教授)解除公职,除非他们在第一次世界大战中"展示了他们对德国的忠诚". 1933 年 4 月 26 日,普鲁士科学艺术教育部发布通告,命令 6 个犹太籍教授必须离开哥廷根大学,其中包括诺特.诺特平静地接受这一决定,并在这艰难的时刻为别人提供支持.外尔后来写道,"艾米·诺特——她的勇气,她的坦率,她对自己命运的不在乎,她的调解精神——是在所有的仇恨和卑鄙中,对被绝望和悲伤包围着我们的一种道德的慰藉." 难得的是,诺特仍专注于数学,召集学生在她的公寓里讨论类域论.据说,当她的一个学生穿着纳粹准军事组织冲锋队制服出现时,她没有激动,只是付之一笑.

在布林莫尔学院工作

几十个遭纳粹迫害的教授和一些不愿在希特勒统治下生活的学者寻求到国外工作.诺特原来打算回到莫斯科,亚历山大洛夫曾建议苏联人民教育委员会请诺特来莫斯科国立大学任教.然而"人民教育委员会做决定通常是很慢的.光阴流逝,当她在哥廷根担任的报酬极低的职务被剥夺之后,再也不能等待,不得不去了美国"(亚历山大洛夫 1935 年的纪念演说).

当时, 美国的朋友正在试图为他们提供帮助和工作机会. 爱因斯坦和外尔被普林斯顿高级研究所任命, 而其他人需要为合法移民找到一个赞助商. 经美国宾夕法尼亚州的布林莫尔学院 (Bryn Mawr College) 和英国牛津大学的萨默维尔学院 (Somerville College) 的代表联系, 在和洛克菲勒基金会一系列谈判后, 基金会同意资助诺特从 1933 年底开始在布林莫尔获得一个位置.

1933 年 10 月诺特乘 "不来梅" 号轮船前往美国. 当时从德国先后来到美国的数学家还有: 阿廷、柯朗 (R. Courant, 1888—1972)、A. 布饶尔、R. 布饶尔、布斯曼 (Busemann)、卡纳普 (Carnap)、弗里德里希斯 (Friedrichs)、盖林治 – 波拉塞克 (Geiringer-Pollaczek)、约翰 (John)、列维、诺伊格鲍尔、普拉格 (Prager)、拉德马赫 (Rademacher)、西格尔 (Siegel)、冯 · 米泽斯 (von Mises)、温特纳 (Wintner) 等.

在布林莫尔, 诺特结识了惠勒 (A. Wheeler), 惠勒在哥廷根大学读书时诺特还未来到. 布林莫尔学院的校长帕克 (M. E. Park) 给予诺特很大的支持, 诺特和学生小团队迅速通过范德瓦尔登 1930 年出版的《近世代数 I》和赫克 (E. Hecke) 的《代数数论》开展工作.

1934 年, 诺特应弗莱克斯纳 (A. Flexner) 和韦布伦 (O. Veblen) 的邀请, 每周去普林斯顿高级研究所做一次类域论讲座. 她还指导阿尔伯特 (A. Albert) 和范代弗尔 (H. Vandiver), 并与他们一道工作. 但在普林斯顿大学, 她是不受欢迎的, 因为这所大学当时还是"男人的大学, 女性不可进入".

布林莫尔学院

她在美国的时光是愉快的, 她的周围有很多支持她的同事, 她沉浸在自己最喜欢的课题中. 1934年听诺特讲座的奎因 (Quine, 1908—2000) 教授回忆说, 诺特身材不高, 体形略显粗胖, 肤色黝黑, 剪得短短的黑发夹杂着几丝灰发. 她戴着一副厚厚的度数很高的近视眼镜, 用不甚连贯的英语讲课. 她喜爱散步, 常常和学生外出远足, 途中往往全神贯注地谈论数学, 全然不顾来往行人车辆, 以致学生们不得不保护她的安全.

1934 年夏天, 她短暂地回德国看望阿廷和她的弟弟弗里茨. 虽然她以前的许多同事已经被迫离开了大学, 她还能作为一个"外国学者"使用图书馆. 1935 年弗里茨到苏联西伯利亚联邦特区托木斯克数学和力学研究所工作, 但不久被送往集中营, 一直下落不明.

意 外 陨 落

1935 年 4 月医生在诺特的骨盆里发现了一个肿瘤. 手术中间, 发现了一个 "大香瓜大小" 的卵巢囊肿, 在她子宫里还有两个小肿瘤似乎是良性的, 因恐延长手术而没有切除. 三天后她似乎恢复正常, 第四天从循环衰竭中迅速恢复. 但 4 月 14 日她却突然失去了知觉, 体温飙升至 109°F(42.8°C) 而不幸去世. 一个医生写道: "发生在诺特博士身上的是不容易说清楚的", "可能有某种形式的不寻常的和致命的感染, 袭击了大脑基础, 热中心应该是在那里."

4 月 26 日, 布林莫尔学院在帕克校长的房间里为诺特举行了一个小型追悼会, 她的朋友和同事外尔和 R. 布饶尔从普林斯顿赶来, 和惠勒、陶斯基 (Taussky) 等一道参加了追悼会.

布林莫尔托马斯图书馆回廊

诺特终生未婚. 她的骨灰安葬在环绕布林莫尔托马斯 (M. C. Thomas) 图书馆回廊的人行道下.

最 高 赞 誉

悼念诺特的文章在世界各地出现. 爱因斯坦在《纽约时报》上发表悼文说: "诺特小姐是自妇女开始受到高等教育以来有过的最杰出的、富有创造性的天才. 在最有天赋的数学家辛勤研究了几个世纪的代数学领域中, 她发现了一种新方法. 现今的年轻一代的成长证明了这一方法的巨大意义. 通过这种方法, 纯粹数学成为逻辑思想的诗篇. …… 在努力达到这种逻辑美的过程中, 你会发现精神的法则对于更深入地了解自然规律是必需的 ……".

亚历山大洛夫称赞诺特是 "有史以来最伟大的女数学家"; 范德瓦尔登等都表达了他们的敬意; 外尔写了长篇悼词, 深情地缅怀她的刚毅品格和卓越才能:

她曾经是充满生命活力的典范,

以她那刚毅的心情和生活的勇气,

坚定地屹立在我们这个星球上,

所以大家对此毫无思想准备.

她正处于她的数学创造能力的顶峰,

她那深远的想象力,

同她那长期经验积累起来的技能,

已经达到完美的平衡.

她热烈地开始了新问题的研究,

而这一切现在突然宣告结束,

她的工作猝然中断，

坠落到了黑暗的坟墓.

美丽的、仁慈的、善良的，

他们都轻轻地去了；

聪颖的、机智的、勇敢的，

他们都平静地去了；

我知道，但我决不认可，

而且我也不会顺从.

我们对她的科学工作和人格的记忆，

决不会很快消逝.

她是一位伟大的数学家，

而且我坚信，

也是历史曾经产生过的最伟大的女性之一.

在诺特的家乡埃尔朗根市，一条街道于 1960 年以诺特的名字命名；她曾就读过的中学被重新命名为艾米·诺特学校. 在德国席根 (Siegen) 大学里有一个艾米·诺特校园，内有数学和物理学系.

20 世纪 80 年代，数学界出现了一股 "诺特热". 1981 年她的传记出版；布法罗纽约州立大学设立了以诺特命名的研究席位；Noetherian 出现在代数论文的标题中；1982 年，为纪念诺特 100 周年诞辰，埃尔朗根大学建立了诺特纪念碑，布林莫尔学院举行了隆重的纪念大会.

1992 年，以色列 Bar-Ilan 大学和德国政府、Minerva 基金会共建了艾米·诺特数学研究所，设在该校数学与计算机科学系内，目的是激励在代数、几何和函数论领域的研究，并鼓励与德国合作. 主要

德国席根大学的艾米·诺特校园

研究代数几何、群论和复变函数理论,活动包括当地的研究项目、会议、短期访问、博士后奖学金和艾米·诺特讲座 (一年一度的系列杰出讲座).

自 2001 年以来,德国每年 5 月举办一系列高中讲习班和比赛来纪念诺特. 德国研究基金会设立了艾米·诺特项目,资助有前途的青年博士后学者开展进一步研究和教学活动.

此外,月球远端的一个火山口 Nöther 和小行星7001 Noether 都是以诺特命名的.

可以相信,世人对诺特、柯瓦列夫斯卡娅、热尔曼这些历史上伟大的女性、杰出的数学家的缅怀,必将绵绵无期,经久不衰. 她们与命运抗争,冲破世俗与偏见的樊篱,为科学和社会进步作出的贡献,必将永远铭刻在人们的心里.

主要参考文献

[1] 吴文俊, 等. 世界著名数学家传记. 北京: 科学出版社, 1995.

[2] 周明儒. 费马大定理的证明与启示. 北京: 高等教育出版社, 2007.

[3] 武际可. 音乐中的科学. 北京: 高等教育出版社, 2012.

[4] 安·希布纳·科布利茨. 旷代女杰 —— 柯瓦列夫斯卡娅传. 赵斌, 译. 上海: 上海辞书出版社, 2011.

[5] Michèle Audin. Remembering Sofia Kovalevskaya. Lendon: Springer Verlag Lendon Limited, 2011.

[6] 杜瑞芝. 科学公主 —— 科瓦列夫斯卡娅. 济南: 山东教育出版社, 2005.

[7] 李文林. 数学史概论. 3 版. 北京: 高等教育出版社, 2011.

[8] 张奠宙. 20 世纪数学经纬. 上海: 华东师范大学出版社, 2002.

后　记

　　这本小册子是在李大潜先生的悉心指导和帮助下写成的.

　　2015 年 9 月 15 日, 李先生给我发来短信: "为鼓励女同学学好数学, 宜编一本柯瓦列夫斯卡娅的书. 我这儿有几本介绍她的书及传记, 材料相当丰富, 你能否抽时间研究一下, 为小丛书写此一本."

　　我第一次知道柯瓦列夫斯卡娅是在 1962 年学习偏微分方程时, 此后不时提及, 对她益发敬仰, 也很想对她的生平和事迹有更多的了解, 因此我回复李先生, 可以写这本书, 但先要好好学习. 我认真阅读了李先生寄给我的有关柯瓦列夫斯卡娅的资料 (本书主要参考文献之 [4]、[5]、[6]), 联想到我在学习数学史和数学思想史的过程中对热尔曼和诺特的了解, 考虑到写这本书的目的, 遂决定将这三位杰出的女数学家一并介绍.

　　我从 2016 年 2 月开始写这本小册子, 反复修改、补充, 先后 4 稿, 其间得到了李先生的大力帮助. 他进一步提供了美国爱荷华大学数学系组织一年一度的索菲娅·柯瓦列夫斯卡娅高中数学日的资料，以及法国亨利·庞加莱研究所今年举行纪念索菲·热尔曼活动的信息；并且仔细审阅我的书稿，提出了宝贵的修改意见. 可以说，没有李先生的指导和帮助，就不可能有这本小册子.

在修改定稿过程中，我还请南京大学丁南庆教授和首都师范大学朱一心教授审阅了书稿，我衷心感谢他们的热情帮助和提出的宝贵意见.

多年来，国外为本书介绍的这三位杰出女数学家开展了各种形式的纪念活动，特别是在青年学生中间深入开展宣传教育工作，令人感触良多. 这些国家对前人成果和精神的弘扬与传承，值得我们借鉴和学习，我们应该加大力度开展这方面的工作，以促进我国科学教育事业的发展和社会的进步.

周明儒

2016 年 8 月 6 日

于江苏师范大学

郑重声明

高等教育出版社依法对本书享有专有出版权。任何未经许可的复制、销售行为均违反《中华人民共和国著作权法》，其行为人将承担相应的民事责任和行政责任；构成犯罪的，将被依法追究刑事责任。为了维护市场秩序，保护读者的合法权益，避免读者误用盗版书造成不良后果，我社将配合行政执法部门和司法机关对违法犯罪的单位和个人进行严厉打击。社会各界人士如发现上述侵权行为，希望及时举报，我社将奖励举报有功人员。

反盗版举报电话　　（010）58581999　58582371

反盗版举报邮箱　　dd@hep.com.cn

通信地址　　北京市西城区德外大街4号
　　　　　　高等教育出版社法律事务部

邮政编码　　100120

读者意见反馈

为收集对教材的意见建议，进一步完善教材编写并做好服务工作，读者可将对本教材的意见建议通过如下渠道反馈至我社。

咨询电话　　400-810-0598

反馈邮箱　　hepsci@pub.hep.cn

通信地址　　北京市朝阳区惠新东街4号富盛大厦1座
　　　　　　高等教育出版社理科事业部

邮政编码　　100029